ÉDITIONS SAINT SÉBASTIEN

-2016-

HIÉRON
DE
PARAY-LE-MONIAL

Le Règne Social
du Sacré-Cœur

I. EXPOSÉ DOCTRINAL
Par S. G. Mgr A. NÈGRE, *Archevêque de Tours.*

II. EXPOSÉ HISTORIQUE
Par Georges de NOAILLAT
*Directeur du Hiéron de Paray-le-Monial
et de la Société du Règne Social de Jésus-Christ.*

TROISIÈME MILLE

TOURS
MAISON ALFRED MAME ET FILS
—
1921

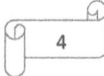

PREMIÈRE PARTIE

EXPOSÉ DOCTRINAL

PAR

S. G. Mgr A. NÈGRE

ARCHEVÊQUE DE TOURS

Une parole de Benoît XV

Au lendemain de son élévation sur le siège apostolique, le pape Benoît XV livrait aux évêques de l'Église universelle le sentiment de son âme, l'idée dominante qui remplirait sa vie pontificale : « Vous voyez, vénérables Frères, disait-il, combien il est nécessaire de faire tous nos efforts pour que la charité de Jésus-Christ règne parmi les hommes. C'est bien le dessein que Nous Nous sommes proposé comme *l'œuvre propre de notre Pontificat*; appliquez-vous à cette tâche, Nous vous y exhortons[1]. » Faire régner parmi les hommes la charité de Jésus-Christ sera *l'œuvre propre de notre Pontificat*. Grande parole! N'est-elle pas montée, brûlante d'amour, du cœur de Jésus aux lèvres de son représentant visible ici-bas? Cri de paix, jeté aux peuples au moment où les guerres les plus sanglantes qui furent jamais avaient déchaîné la haine des hommes contre les hommes, et armé les nations contre les nations. « L'œuvre propre de notre Pontificat! » Résolution clairvoyante! car des murmures de guerre grondent encore sourdement dans nos contrées mal apaisées d'Occident, tandis que vers l'Orient, dans des régions immenses, la lutte continue toujours plus furieuse et plus bar-

[1] Encyclique *Ad beatissimi*, 1er nov. 1914.

bare. Non, l'œuvre de pacification n'est pas près de finir ; le Vicaire de Jésus-Christ n'aura-t-il pas pressenti qu'elle occuperait les années entières de son règne apostolique ?

La tâche est difficile. Pour l'accomplir, le Saint-Père a fait appel au zèle des pasteurs de l'Église : « Appliquez-vous, leur dit-il, à cette tâche. » Or, un moyen opportun et puissant de répondre à ses vœux, ne serait-ce pas de faire mieux connaître et d'étendre le règne social du Sacré Cœur de-Jésus ? Ce divin Cœur étant par excellence le foyer de l'amour, l'extension de son règne répandra la charité parmi les hommes et les nations. Contribuer à ce résultat, dans la mesure que marquera seule la grâce de Dieu, tel est le but de l'exposé doctrinal qui va suivre.

L'ordre moral de l'univers

« Comme l'égalité, dit saint Chrysostome, est souvent une cause de guerre, Dieu a établi un grand nombre de suprématies et de positions subordonnées, telles que les rapports du mari et de la femme, du fils et du père, du vieillard et du jeune homme, du serviteur et du chef de maison, du prince et du sujet, du maître et des disciples. Et qu'y a-t-il d'étonnant qu'il en soit ainsi parmi les hommes, puisque dans le corps humain Dieu a établi le même ordre[1] ? » Ajoutons, pour compléter la

[1] Sur l'Épître aux Romains, Homélie XXIII, n. 1.

pensée du grand Docteur, qu'au-dessus de tous les êtres, au sommet de l'univers, Dieu a mis un souverain seigneur, roi de la création. Ce roi est Jésus-Christ, l'Homme-Dieu : Dieu par sa nature divine qu'il avait dès l'éternité, homme par sa nature humaine qu'il a prise dans le temps. « Admirable mystère du Verbe incarné, par lequel brille d'un nouvel éclat aux yeux de notre esprit la lumière divine, afin que, en connaissant Dieu visiblement, nous soyons élevés par Lui à l'amour des biens invisibles [1]. » Dans le plan de la Providence, Jésus-Christ est roi non seulement comme Dieu, mais encore comme homme. Roi de toutes choses, il tient sous son domaine les créatures privées de raison, et, soumis à son autorité, les anges du ciel et les hommes de la terre. Les hommes, disons-nous, et, par conséquent, les sociétés humaines. Entendons et comprenons : Jésus-Christ, en tant qu'homme, est roi du genre humain et des sociétés qui le composent. Cet ordre immuable de Dieu, décrété dans l'éternité et réalisé dans le temps, persévère à l'heure présente et durera, indéfectible, jusqu'à la fin des siècles. Les sociétés devront le reconnaître et s'abstenir de le violer. Qu'elles le sachent bien : ce n'est jamais impunément, même ici-bas, qu'elles transgressent les lois fondamentales de la nature et de la volonté divine. N'est-il pas permis de voir dans la méconnaissance officielle de Dieu et de Jésus-Christ la cause du mal dont elles sont agitées et troublées, pareilles aux matelots du Psalmiste, qui, battus par les vagues en tempête, *chancelaient comme un homme ivre* [2] ?

[1] Préface de la Nativité de N.-S.
[2] Ps. 106, 27.

Si on observe que Jésus-Christ, le divin Roi, exerce sa puissance avec amour et par amour pour les hommes, il sera facile de comprendre que le règne de son Cœur soit un principe de concorde et de paix sociale. En vérité ce règne d'amour très pur domine l'appétit des sens, apaise les passions inférieures, purifie les affections du cœur humain, répand la douceur et la bienveillance dans la vie morale. L'oubli ou le mépris de ce règne de bonté et de miséricorde déchaîne, au contraire, le dévergondage des plaisirs sensuels, excite parmi les hommes les cruautés les plus atroces et les plus abominables barbaries.

Les catholiques préoccupés de leur âme, soucieux du salut de leur famille, intéressés au bien de leur patrie et à la gloire de l'Église, ont le devoir d'étudier et de connaître cette doctrine. Elle peut se résumer sous les titres suivants :

    1° Royauté de Jésus-Christ,
    2° Règne social de Jésus-Christ,
    3° Règne social de son divin Cœur.

I

LA ROYAUTÉ DE JÉSUS-CHRIST

Ce qu'elle est

Le *roi*, au sens propre du mot, est celui qui a le pouvoir de gouverner un peuple, une nation. Il se nomme également chef d'État, prince, monarque, empereur, souverain. La *royauté* signifie le pouvoir social dont le roi est investi. En affirmant que Jésus-Christ est roi, on veut dire qu'il est chef de société avec la puissance de gouverner ses sujets. Sa royauté ne doit pas se confondre avec les autres dignités dont il est revêtu. La distinction est nécessaire. Jésus-Christ est appelé le *Seigneur :* seigneur, c'est-à-dire *propriétaire* de biens dont il peut disposer à son gré, et *maître* ayant des serviteurs ; *le* Seigneur, ce qui signifie seigneur par excellence, de toutes choses et de toutes personnes. En Jésus-Christ ce titre emporte celui de roi, comme il sera dit plus loin. Mais, considérés en soi, seigneur et *roi* ne sont pas la même chose, car tout seigneur pourvu de biens et de serviteurs n'est pas nécessairement roi. — Jésus-Christ est le *Sauveur*, car c'est « de sa plénitude » que les hommes et les anges ont reçu la grâce du salut éternel[1]. Mais tout sauveur n'est pas roi. — Il est le *Rédempteur*, parce qu'il a payé la rançon de l'homme déchu, a brisé les liens de son esclavage et l'a rendu à la liberté des enfants de Dieu. Mais tout rédempteur n'est pas roi. — Il est *Pontife*, en tant qu'il a opéré la rédemption par le sacrifice, le grand sacrifice de la croix, où il fut à la fois victime immolée et prêtre sacrificateur ; par cette oblation il présenta à Dieu l'expiation du péché et mérita la grâce nécessaire à l'esclave libéré. Mais tout pontife n'est pas roi. — Il est *Docteur* ou maître qui instruit, *magister* ; puisque, ayant reçu de son Père la mission d'enseigner, il a appris aux hommes la doctrine sacrée, vraie lumière sans laquelle les hommes délivrés de leurs chaînes auraient ignoré le chemin de leur patrie céleste et n'y seraient jamais parvenus. Mais tout docteur enseignant n'est pas roi.

Enfin, pour diriger dans la voie des vertus et du salut les volontés mobiles des hommes et celles trop souvent réfractaires des chefs de nation, il fallait à Jésus-Christ la puissance royale qui commande et gouverne. Elle lui fut donnée, et Jésus-Christ est *Roi*. La royauté est une véritable juridiction, une autorité munie du triple pouvoir de *faire des lois*, de *prononcer des jugements* sur les observateurs et les violateurs de ces lois, de *décerner des récompenses et des peines* suivant les mérites et les démé-

---

[1] S. Thomas, interprétant ce texte de saint Jean : *de plenitudine ejus omnes accepimus* (Joan. i, 16), écrit : « *Omnes accepimus*, scilicet omnes apostoli, et patriarchæ, et prophetæ, et justi qui fuerunt, sunt, et erunt, et etiam omnes angeli, quia plenitudo gratiæ quæ est in Christo est causa omnium gratiarum, quæ sunt in omnibus intellectualibus creaturis. » (*In Joan. Lect.* x.)

rites ; et, comme conséquence, d'établir dans la société des délégués ou des magistrats qui participent à la puissance publique et au gouvernement.

Nous trouvons cette autorité dans les trois sociétés nécessaires de ce monde : l'Église, l'État et la famille. Dans chacune elle existe avec son triple pouvoir, bien que dans chacune elle ne soit pas de même nature. Ce qui distingue les sociétés d'espèces différentes et diversifie leur autorité, c'est la fin qu'elles poursuivent : telle fin sociale, telle autorité sociale. L'Église, ordonnée à une fin spirituelle qui est la sanctification et le salut des âmes, possède un pouvoir *spirituel*. L'État, ayant pour but spécial la prospérité matérielle de ses membres, est investi d'une puissance de même ordre qui se nomme pouvoir *temporel*. La famille, limitée à un petit nombre de personnes : père, mère et enfants, destinée à une fin particulière, la propagation du genre humain et la sanctification de ses membres, a aussi son autorité distincte, car l'autorité paternelle et maternelle diffère des précédentes[1].

Ces explications sur la nature de la royauté et de ses pouvoirs nous permettent d'aborder franchement notre question. Quelle est l'autorité sociale, ou, en d'autres termes, la royauté de Jésus-Christ? Est-il revêtu de la puissance spirituelle? ou temporelle? ou même familiale? — Jésus-Christ, disons-nous, possède souverainement cette triple puissance. — Mais sur quels

---

[1] D'autres noms encore désignent ces diverses autorités. Nous disons, par exemple : l'autorité religieuse, l'autorité civile, l'autorité paternelle. Et encore : le pouvoir spirituel, le pouvoir politique, le pouvoir domestique ou familial.

hommes et sur quelles sociétés s'étend sa royauté ? de qui est-il
roi ? — L'autorité royale de Jésus-Christ s'étend, en ce monde,
sur tous les hommes et sur toutes les sociétés humaines [1]. Il
est roi de l'Église, de la société civile et de la famille.

Preuves de la Royauté de Jésus-Christ

Allons aux preuves de cette doctrine. Nous les empruntons
aux livres et aux documents qui contiennent la révélation
divine. On ne saurait les demander simplement à l'ordre naturel
et aux seules lumières de la raison, puisque la nature des choses
n'exige ni le mystère de l'Incarnation ni, par suite, la royauté
de Jésus-Christ. Ces ineffables bienfaits sont dus à la pure bienveillance et à la volonté positive de Dieu. Nous n'avons d'autres
moyens pour les connaître avec certitude que l'enseignement
révélé.

Jésus-Christ est l'Homme-Dieu. — Le principe et la
cause de l'excellence suréminente de Jésus-Christ comme
homme, c'est l'union de sa nature humaine avec la nature
divine dans l'unique personne du Fils de Dieu. Cette union

[1] « Ce n'est pas seulement, dit Léon XIII, sur les nations catholiques
que s'étend son empire; ce n'est pas non plus seulement sur les hommes
purifiés par l'eau du baptême..., le pouvoir du Christ atteint aussi tous
ceux qui vivent en dehors de la foi chrétienne. C'est donc une vérité
incontestable que tout le genre humain est sous la puissance de Jésus-
Christ. » (Encyclique *Annum sacrum*, sur la Consécration du genre
humain au Sacré-Cœur de Jesus. 25 mai 1899.)

élève la nature humaine du Christ à une telle hauteur et l'approche si près de Dieu, qu'elle doit lui apporter au plus haut degré toutes les perfections que Dieu accorde aux créatures intelligentes. On ne concevrait pas qu'il lui manque quelque excellence possédée par un autre parmi les êtres créés, ni que celui qui est le Fils de Dieu soit inférieur en quelque chose à un ange ou à un homme. Or la puissance royale, soit spirituelle, soit temporelle, est donnée aux hommes qui gouvernent les sociétés. Elle doit donc convenir et appartenir à Jésus-Christ comme homme, aussi parfaite qu'on puisse le concevoir, dans toute son extension et à tous les degrés. Un seul obstacle empêcherait cette conclusion, ce serait l'incompatibilité de cette autorité sociale avec le mystère de l'Incarnation. Mais où découvrir cette répugnance? L'harmonie entre les deux termes est plutôt évidente[1].

Jésus-Christ est le Seigneur. — Nous avons encore un témoignage magnifique de sa royauté universelle dans une parole, trop peu remarquée peut-être, que chantent cependant les cinquante-deux dimanches de l'année et les jours de fête, à la messe solennelle. L'Église entonne le *Credo* du Concile de Nicée. Écoutons le premier article : « *Credo in unum Deum, Patrem omnipotentem, factorem cœli et terræ, visibilium omnium et invisibilium :* Je crois en un seul Dieu, créateur du ciel et de la terre, de toutes les choses visibles et invisibles. » Voici le second : « *Et in unum Dominum :* Je crois... en un seul Seigneur. » Qui est ce Seigneur unique? Est-ce encore Dieu, le

[1] Cf. S. Thom., p. 3, 9, 7, a, 1.

Père tout-puissant? Dieu créateur et, sans doute, seigneur
suprême et absolu de toutes choses. Personne n'est au-dessus
de Lui, cependant c'est un autre qui est désigné ici, il y est
même nommé. Soyons attentifs aux paroles qui suivent : « *Et
in unum Dominum Jesum Christum :* Je crois aussi en un seul
Seigneur Jésus-Christ. » Voilà l'unique Seigneur, c'est Jésus-
Christ. Mais Jésus-Christ, étant Dieu et homme, est le seul
Seigneur, non seulement comme Dieu, mais encore comme
homme. En tant que Dieu il est seigneur éternel, égal à son
Père, mais invisible ; en tant qu'homme, il est le seigneur
visible dans le temps. Ce n'est pas qu'en tant qu'homme il
soit seigneur égal à Dieu son Père ; mais comme tel il est supérieur à tous ceux qui, parmi les simples créatures, peuvent
porter le titre de seigneur. Par rapport à tous les êtres créés, il
est le Seigneur des seigneurs, tous les autres seigneurs lui
sont soumis.

De quoi est-il Seigneur? De toutes choses. Les termes du
premier article du symbole nous font comprendre ceux du
second. De même qu'il est dit : « Je crois en *un seul Dieu,*
auteur de *toutes les choses visibles et invisibles,* ainsi il est dit :
et en un seul Seigneur, seigneur évidemment de ces mêmes
choses. Au reste, serait-il le seul seigneur, s'il n'était pas seigneur de toutes choses? Nullement, puisque ce qu'il ne possé-
derait pas pourrait appartenir à un autre. Il serait simplement
seigneur, mais non *le* Seigneur.

Il reste à se demander quel est le sens du mot seigneur? Il
signifie, en général, le possesseur d'un domaine, le maître
pourvu de serviteurs, celui qui est investi d'une autorité. Tel

qu'il est employé dans le symbole, le mot signifie *propriétaire,* car si Jésus-Christ n'était pas le propriétaire de toutes choses visibles et invisibles, corps et esprits, hommes et anges ; s'il ne possédait pas un souverain domaine sur l'univers et sur les êtres qui le composent, il ne saurait être appelé purement et simplement le Seigneur, le seul Seigneur. Certaines créatures échapperaient sous quelque rapport à sa dépendance, et dès lors il n'en serait pas le seigneur proprement dit.

De ce titre suivent d'importantes conséquences. D'abord comme *propriétaire* universel et souverain, il a la puissance de disposer à son gré des créatures privées de raison avec droit de conservation et de destruction, de vie et de mort. — Ensuite, en vertu de sa propriété sur les créatures douées d'intelligence, il est maître des anges et des hommes, auxquels il peut commander et tracer des lois ; tandis que ces créatures sont tenues de lui obéir, car la propriété fructifie selon ses facultés pour le propriétaire. — Enfin, s'il a le droit de faire des commandements à chaque homme et à chacun des anges, il aura le même pouvoir sur eux tous réunis en société, et dans ce cas il est véritablement roi des sociétés angéliques et humaines.

L'étendue sans bornes de sa royauté ressort avec la même évidence. Seigneur des volontés, il possède la *royauté spirituelle ;* Seigneur des biens temporels, il a la *royauté temporelle ;* ces deux puissances réunies lui donnent la *royauté familiale.* En somme : *propriétaire* souverain de l'univers, *maître* des hommes et des anges, *roi* universel des sociétés sur la terre et au ciel, tels sont les titres que nous louons en Jésus-Christ en

2

disant avec l'Église : *Credo... et in unum Dominum Jesum Christum.*

Jésus-Christ héritier de l'univers. — Ce même droit de propriété souveraine, saint Paul l'attribue à Jésus-Christ dans sa Lettre aux Hébreux : *En ces derniers temps*, dit-il, *Dieu nous a parlé par son Fils, qu'il a établi héritier de toutes choses*[1]. Jésus-Christ est considéré ici comme homme. Comme Dieu, en effet, il n'a pas été *établi*, mais il est né héritier[2], maître et auteur de toutes choses. Comme homme, au contraire, il n'a pu être maître de l'univers que s'il a été constitué par Dieu héritier, seigneur et copropriétaire. Cette explication est la vraie, car, dans le texte de l'Apôtre, le mot *héritier* n'a pas d'autre sens que propriétaire. Parmi les hommes, un fils ne devient réellement héritier et possesseur des biens paternels qu'à la mort de son père; mais Dieu étant immortel, celui qui est constitué par lui son héritier, est associé aussitôt à la possession des biens de Dieu-même, il devient cohéritier du Père, et, par conséquent, seigneur et propriétaire de tous les êtres du ciel et de la terre. — C'est pourquoi le même Apôtre a pu dire en parlant de Jésus-Christ : « Soit que nous vivions, soit que nous mourions, nous appartenons au Seigneur : *Sive ergo vivimus, sive morimur, Domini sumus*[3]. » Et saint Pierre a déclaré que Jésus, son Maître, « est le Seigneur de tous les hommes : *hic est omnium Dominus*[4]. »

[1] *Novissime, diebus istis Deus locutus est nobis in Filio, quem constituit hæredem universorum.* (Hebr. i. 1, 2.)
[2] *Et ex Patre natum ante omnia sæcula.* (Symbole de Nicée.)
[3] Rom. iv, 8.
[4] Act. x, 3, 6.

Conséquences. — Pourquoi, dira-t-on, insister ainsi sur ce domaine universel, en vertu duquel Jésus-Christ peut disposer même de tant de créatures dépourvues de raison et incapables de le connaître? Ce droit sert à mettre en évidence, comme nous l'avons déjà observé, la royauté temporelle de Jésus-Christ; il montre ensuite que les chefs d'État ne doivent pas user suivant leurs caprices d'une puissance dépendante de Jésus-Christ; enfin que, Jésus étant le souverain propriétaire de la terre, les hommes n'en sont que les fermiers, et qu'ils n'ont pas le droit d'avilir, en les faisant servir à leurs vices, les créatures même irraisonnables que leur Seigneur a ennoblies.

En effet, de même que pour la nature humaine de Jésus-Christ il est glorieux d'appartenir à la personne du Fils de Dieu, de même c'est une sorte de titre de noblesse pour la créature inintelligente de pouvoir dire, par analogie et dans son langage spécial : « J'appartiens au Fils de Dieu incarné ; je suis de son domaine, son bien, sa propriété. Les créatures supérieures à moi, hommes et anges, ne doivent user de moi que suivant les lois et la volonté de mon souverain. » A son tour, la grandeur de l'Homme-Dieu reçoit de cette dépendance un nouvel éclat. On dit justement d'un homme possédant de vastes domaines qu'il est riche, puissant et honoré. Ainsi en est-il de Jésus-Christ. La propriété fructifie pour son propriétaire ; mais les créatures matérielles et purement sensibles, ne pouvant donner d'autres fruits à ce maître souverain, doivent lui apporter un tribut d'honneur et de gloire. Mais cette gloire ne pouvant arriver que par les créatures intelligentes, celles-ci doivent en user d'abord pour la gloire

·du Seigneur, et pour eux-mêmes selon les lois que le Seigneur a marquées.

Ainsi l'ordre de l'univers se déroule, admirable, à nos yeux. En remontant des créatures infimes aux plus parfaites, nous apercevons en haut un seul souverain, Jésus-Christ; les êtres matériels, les plantes et les animaux, l'homme raisonnable et les purs esprits sont subordonnés et soumis à ce chef unique. Et si d'en haut nos regards s'abaissent, nous voyons sa puissance s'étendre à toutes les créatures, depuis les sommets jusqu'aux plus profondes régions, du ciel à la terre, du firmament aux abîmes. Quelle grandeur! L'Homme-Dieu, Jésus-Christ, propriétaire souverain des soleils, des étoiles et de ce globe terrestre à la surface duquel vivent et se meuvent les hommes, quelle puissance! Et là ne se bornent pas ses pouvoirs. Chef des individus et des familles, il l'est également des sociétés, des peuples et des nations. A lui la royauté et l'empire, la puissance temporelle et l'autorité spirituelle. Tel est l'ordre réel, et nullement imaginaire, qu'a voulu et décrété l'auteur du monde, ordre magnifique et si ferme que ni les dénégations de l'impiété ni les folies de l'orgueil ne sauraient l'ébranler.

Toute puissance donnée à Jésus-Christ. — Jésus-Christ, dont la divine mission est confirmée par ses innombrables miracles, a pris soin de nous affirmer nettement sa royauté universelle. « Toute puissance, dit-il, m'a été donnée au ciel et sur la terre: *Data est mihi omnis potestas ın cœlo et in terra*[1]. »

[1] Matth. xxvııı, 19.

Quelle est cette puissance qui lui est conférée, est-ce aussi la puissance royale? — Toute puissance, nous répond-il. — Est-ce la puissance de dicter des lois? Toute puissance. Est-ce encore la puissance de juger la vie morale des hommes? Toute puissance. Est-ce enfin la puissance de récompenser et de punir? Toute puissance. Aucun pouvoir n'est excepté. — Dans quel territoire et sur quelles nations une autorité si grande lui est-elle donnée? Au ciel et en la terre, *in cœlo et in terra*. Au ciel sur les anges; en la terre sur les hommes et sur tous, hommes privés et hommes publics, individus et sociétés. Essayez de restreindre le lieu où s'exercera ce pouvoir ainsi que le nombre des subordonnés, et alors il y aura en Jésus-Christ quelque puissance, mais nullement toute puissance; vous aurez fait mentir sa divine parole : « Toute puissance m'a été donnée[1]. »

Un roi est *législateur*. Jésus-Christ l'est aussi. Il a fait des commandements et il a ordonné à ses apôtres d'apprendre à toutes les nations qu'elles ont le rigoureux devoir de les observer : « *Docentes eos servare omnia quæcumque mandavi vobis* : Apprenez-leur à garder tous les commandements que je vous ai donnés[2]. »

Un roi est *juge* de son peuple; Jésus-Christ est le juge souverain de tous les hommes. S'il n'était pourvu du pouvoir

---

[1] « Si donc *toute puissance* est donnée au Christ, dit Léon XIII, il s'ensuit nécessairement que son autorité est souveraine, absolue, indépendante de toute volonté, aucun pouvoir n'est égal au sien, ni ne lui ressemble, et comme cette puissance lui est donnée au ciel et sur la terre, il faut que le ciel et la terre lui soient soumis. » (Encyclique *Annum sacrum*, 25 mai 1899.)

[2] Matth. xxviii, 20.

judiciaire, vainement porterait-il des lois, puisqu'il n'aurait pas le moyen de les faire garder. Du reste, c'est un article du Symbole des Apôtres, que Jésus ressuscité, assis à la droite du Père céleste, « viendra pour juger les vivants et les morts ». Il est donc reconnu comme juge de toutes nos actions en ce monde.

Dans sa description prophétique du jugement dernier, l'Évangile de saint Matthieu[1] attribue à Jésus-Christ la souveraine puissance judiciaire avec la faculté de décerner les peines et les récompenses éternelles. Il y est d'abord appelé roi : *Le roi dira...* Il sépare les bons d'avec les méchants, voilà le *jugement* porté sur les consciences et les œuvres. Il appelle les justes au ciel et condamne les pécheurs impénitents à l'enfer éternel, c'est la *sentence* qui accorde les récompenses et inflige les châtiments.

Droits de conquête. — « Mais ce n'est pas tout. L'autorité du Christ, remarque Léon XIII[2], ne lui vient pas seulement d'un droit de naissance, comme Fils unique de Dieu, mais encore en vertu d'un droit acquis. Lui-même, en effet, nous a arrachés à la puissance des ténèbres[3]. Lui-même s'est livré pour la rédemption de tous[4]. Non seulement les catholiques, non seulement ceux qui ont reçu le baptême chrétien, mais tous les hommes sans exception deviennent pour lui *un peuple conquis*[5]. »

[1] Matth. xxv, 31 et seq.
[2] Encylique *Annum sacrum*; 25 mai 1899.
[3] Coloss. i, 13.
[4] I Tim. ii, 6.
[5] I Petr. ii, 9.

Ainsi rien ne manque à la royauté de Jésus-Christ. De même qu'elle embrasse les trois éléments constitutifs de l'autorité sociale : pouvoirs législatif, judiciaire, coercitif ; de même elle en contient les trois ordres : spirituel, temporel, familial ; et de plus elle est souveraine, dominant toutes les sociétés. Les preuves apportées ne permettent aucun doute à cet égard. Jésus-Christ est roi universel de la création.

II

LE RÈGNE SOCIAL DE JÉSUS-CHRIST

Royauté et règne

Un doute surgit au seuil de la question : Pourquoi, pensera-t-on, parler du règne de Jésus-Christ après avoir expliqué sa royauté? N'est-ce pas revenir sur la même chose? — Ne craignons pas une redite. La différence est grande entre la royauté et le règne. La *royauté*, c'est le pouvoir de gouverner; le *règne*, c'est l'exercice de ce pouvoir, ou l'action de gouverner. Autre chose est le pouvoir, autre chose l'exercice du pouvoir. Nos yeux ont la puissance de voir ; si nous les fermons, ils conservent la faculté de voir, mais ne l'exercent pas, il ne voient pas. De même un roi peut avoir le droit de gouverner et ne pas l'exercer, ne pas régner. Alors il est roi *en droit*, il ne l'est pas *en fait*. — Qu'en est-il de Jésus-Christ? Il possède la royauté ou la puissance gouvernementale sur toutes les sociétés, et il l'exerce. Il est roi et il règne.

Sur quelles sociétés exerce-t-il sa puissance? Sur toutes, à savoir : l'Église, l'État et la famille. C'est le décret divin, immuable, que saint Paul nous traduit en ces termes : « Il faut que Jésus-Christ règne : *Oportet illum regnare*[1]. » Mais pour combien de temps? Jusqu'à ce que son Père céleste « ait mis tous ses ennemis sous ses pieds : *donec ponat omnes inimicos sub pedibus ejus*[2] », événement qui se produira au jugement général.

Jésus-Christ règne sur l'Église. — En présence de cette immense société, visible comme une haute montagne, qui se nomme l'Église catholique, on est bien obligé de se dire : « Qui est son fondateur? quelle est son origine? » Dans sa forme actuelle, avec sa hiérarchie organisée, est-elle aussi ancienne que le genre humain? Nullement. Doit-elle son existence à la nature? Non encore, car elle s'offre à nous ornée de caractères surnaturels et de pouvoirs surhumains. Elle est donc l'œuvre d'une institution positive divine. D'ailleurs son auteur n'a pu rester inconnu. C'est Jésus-Christ. L'Église elle-même, d'accord avec les témoignages les plus indiscutables de l'histoire, se déclare fondée par lui. Mais si Jésus-Christ avait la mission d'instituer l'Église, il devait avoir aussi le pouvoir de la gouverner. Cette fondation posa la base de sa royauté et en fut en quelque manière le premier acte. Un second suivit celui-là, c'est l'acte de conservation. Il fallait, pour conserver l'Église à travers les âges, une action puissante et permanente. Jésus-Christ a fait cette action suivant sa promesse aux apôtres : *Voici que je suis avec vous, tous les jours, jusqu'à la consommation des siècles*[3]. Mais conserver une

---

[1] I Cor. xv, 25.
[2] *Ibid.*
[3] Matth. xxviii, 20.

société, la protéger, la défendre, n'est-ce pas un acte véritable de la puissance royale, un exercice de la royauté?

Allons plus loin. L'Église possède un pouvoir hiérarchisé. A sa tête vient le Pape, investi d'une autorité universelle en matière religieuse. Qui a choisi le premier Pape et lui a conféré son titre et son pouvoir de chef suprême? C'est Jésus-Christ. Les Papes ne sont pas immortels. A la mort de l'un, un autre succède et reçoit la même puissance que son prédécesseur. Qui la lui communique? Encore Jésus-Christ. De même, par les souverains Pontifes, il institue, dans ces nombreuses parties de l'Église appelées diocèses, des pasteurs subordonnés et les revêt de l'autorité épiscopale. La collation et la distribution de ces pouvoirs ne sont-elles pas des actes de gouvernement? Nul doute. Le chef d'État pose un acte essentiellement gouvernemental lorsqu'il établit dans les provinces et dans les tribunaux des magistrats qui participent à son pouvoir et font exécuter ses ordres. De cette même manière Jésus-Christ gouverne son Église.

Ne nous arrêtons pas. Considérons la puissance ecclésiastique dans son *objet*. L'Église a reçu de son fondateur le pouvoir d'enseigner infailliblement une doctrine religieuse et de l'imposer d'une manière obligatoire à la foi des auditeurs : « *Prædicate Evangelium... qui non crediderit condemnabitur* : Prêchez l'Évangile... quiconque ne vous croira pas sera condamné[1]. » De qui est cette doctrine que l'Église a mission d'enseigner? De Jésus-Christ. De qui sont les vérités que les fidèles ont le devoir

[1] Marc. xvi, 16.

de croire? Encore de Jésus-Christ. Qui les oblige à cet acte de foi? Toujours Jésus-Christ. Mais le fait d'imposer cette obligation permanente est un acte souverain de son pouvoir spirituel, un véritable règne sur les intelligences.

Il règne également sur les volontés. Le caractère propre du pouvoir royal, c'est d'établir des lois. Or Jésus-Christ a fait sien cet ensemble de commandements dont se compose le Décalogue. Il est l'auteur de prescriptions immuables se rapportant à l'essence du sacrifice eucharistique et à la nature des sacrements. Lois intangibles, celles-là, qu'aucune autorité humaine n'a le pouvoir d'abolir, auxquelles personne au monde n'a le droit d'ajouter ni de retrancher une syllabe. Par ces lois il soumet à son vouloir les volontés des fidèles et des pasteurs : il règne sur elles.

L'Église, il est vrai, en vertu de sa puissance divinement reçue, a le droit d'ajouter des lois positives à celles de son fondateur. Mais de là on ne saurait conclure que, sur ce point, elle échappe à son règne, car cette même puissance ecclésiastique qui légifère vient de Lui, et, par suite, les lois de l'Église sont encore ses lois.

La conclusion ressort, logique et rigoureuse. Puisque tout ce qui est de l'Église : sa hiérarchie, ses pouvoirs, sa doctrine, ses lois, son culte, dérive immédiatement de la puissance de Jésus-Christ ou dépend nécessairement de son autorité souveraine, il est évident qu'elle est gouvernée par Lui et qu'Il règne sur elle.

Jésus-Christ règne sur la société civile. — Règne-t-il aussi sur l'État? Jésus-Christ exerce-t-il sa royauté sur la société civile entière, gouvernants et gouvernés? Grande question qu'il n'est pas permis à un catholique d'ignorer. La société civile, issue de la nature, ne doit point sa naissance à une institution positive de Jésus-Christ. Elle existait avant lui. Le pouvoir qui la régit, comme on l'a déjà fait remarquer, est d'ordre temporel et se distingue réellement du pouvoir de l'Église, celui-ci étant spirituel. Comme roi de toutes les sociétés de ce monde, Jésus-Christ est possesseur en droit, non seulement du pouvoir spirituel, mais encore du pouvoir temporel. Mais, en fait, a-t-il voulu exercer son pouvoir temporel sur la société civile, et l'exercer soit par lui-même soit par son Église? Non, répondons-nous, ni par lui-même ni par l'autorité ecclésiastique. Il n'était pas dans son dessein d'utiliser ainsi son pouvoir temporel. Il en abandonne l'usage à l'État, aux magistrats civils. C'est dans ce sens que l'Église chante à Hérode, effrayé de la naissance du divin Roi de Bethléem :

> *Non eripit mortalia,*
> *Qui regna dat cœlestia.*

Il n'enlève pas un empire mortel,
Celui qui donne le royaume éternel.

Va-t-on dire alors qu'il ne règne pas sur la société civile? Il règne, disons-nous fermement, il règne sur la société civile, sur l'État ; non cependant par son pouvoir temporel, dont il n'use pas, mais par son pouvoir spirituel. Et ce pouvoir spirituel, il l'exerce sur l'État de trois manières : en lui imposant sa religion, sa morale et l'autorité de son Église.

Jésus-Christ règne sur l'État par sa religion. — Jésus-Christ impose sa doctrine religieuse à l'État, avec l'obligation de la professer publiquement. « Imposer une religion à l'État ! criera-t-on. Mais le sentiment a prévalu que l'État doit se tenir en dehors de toute religion, n'en professer aucune, s'affirmer areligieux, rigoureusement neutre. L'État sans Dieu et sans culte : on ne peut rien exiger de plus d'un gouvernement civil, c'est l'opinion reçue. »

C'est l'opinion reçue d'une poignée de sectaires ; nouveauté révoltante que condamnent la raison et le bon sens populaire ! Quels que soient les défenseurs de cette erreur monstrueuse, seraient-ils les princes de la science, de l'or et de la force, elle n'abaisse pas d'une ligne l'autorité de Jésus-Christ, et Jésus-Christ a dit : « Allez, enseignez toutes les nations. Prêchez l'Évangile à toute créature : qui croira sera sauvé, qui ne croira pas sera condamné[1]. » L'Évangile, c'est la religion chrétienne. Entendons-nous à qui elle doit être enseignée? A toutes les nations. Il n'envoie pas les apôtres à une ville, ou à dix, ou à vingt, mais à la terre, à la mer, au monde entier, à toutes les nations. Or les nations ne sont-elles pas les sociétés humaines? — Que dit-il encore? « A toute créature. » Mais l'homme public, souverain ou ministre, avec le pouvoir dont il est investi, n'est-il pas une créature de Dieu? Sans doute. Eh bien! si les nations et les hommes publics ne croient pas à l'Évangile, s'ils ne professent pas la religion de Jésus-Christ, s'ils s'affirment neutres devant sa doctrine, ils seront condamnés. Si comme hommes privés ils honorent Dieu, mais comme hommes publics ils ne lui rendent

[1] Matth. xxviii, 20; Marc. xvi, 16.

aucun culte, ils seront condamnés. Et quels sont les hommes publics obligés, comme tels, de professer la religion unique universelle de Jésus-Christ, et que leur neutralité condamne devant Dieu? Ce sont tous les hommes qui détiennent à quelque degré l'autorité civile : chefs d'État, ministres, membres des assemblées nationales, préfets de province, magistrats de commune.

L'homme étant naturellement sociable, la société civile dérive nécessairement de la nature humaine, mais la nature humaine vient de Dieu ; de sorte que chaque homme et chaque collection d'hommes organisée en société ont la même origine et le même auteur, qui est Dieu. Dès lors serait-il raisonnable de dire que l'homme privé doit à son créateur un hommage d'adoration et de reconnaissance, tandis que la société n'est chargée d'aucun tribut de soumission et de respect devant ce même Dieu dont elle est l'ouvrage? Pas de subterfuge possible, aucune illusion à se faire. L'État est tenu de rendre à Dieu un culte public, et comme le vrai culte s'identifie avec la religion chrétienne. l'État est rigoureusenent obligé de professer publiquement cette même religion. Mais au fond de cette obligation se retrouve Jésus-Christ exerçant sa puissance royale sur les autorités publiques. Ainsi par la religion il règne, exerçant son pouvoir spirituel sur le pouvoir temporel.

Jésus-Christ règne sur l'État par sa morale. — Religion et morale sont inséparables, ou pour mieux dire ne font qu'un tout. Mais si l'on tient à distinguer l'un de l'autre, si l'on veut appeler *religion* nos devoirs envers Dieu, quoiqu'elle embrasse aussi tous nos autres devoirs et que ceux-ci dépendent

d'elle nécessairement, et appeler *morale* nos devoirs envers le
prochain et envers nous-mêmes, avec les principes généraux de la
vie honnête et obligatoire, alors disons que Jésus-Christ règne
sur l'État, non seulement par sa religion, mais encore par sa
morale. En effet, le pouvoir civil ne saurait gouverner sans la
morale. S'il n'admet pas que ses propres lois et leur application
doivent se baser sur les principes immuables de la justice contre
l'injustice, du bien contre le mal, de la vertu contre le vice, si,
en un mot, il ne s'estime pas obligé de reconnaître et de respecter les règles immuables de la morale, alors disparaît pour
lui et aux yeux du peuple toute distinction entre les bons et les
mauvais, les vertueux et les vicieux, entre les innocents et les
coupables, entre les mérites et les démérites, entre les récompenses et les peines. De cette confusion résulte fatalement la
subversion de l'ordre social et la ruine de la société. Il est donc
bien évident qu'aucun gouvernement n'est possible, s'il ne
s'appuie sur les principes de la vraie morale. Or il n'y a qu'une
vraie morale. Dieu nous la manifeste sans doute par l'évidence
des premiers principes de la loi naturelle; mais, l'ayant élevée
et complétée par des préceptes positifs, il en a rendu la connaissance accessible et facile à tous par la révélation de Jésus-Christ.
Mais Jésus-Christ, en vertu de sa puissance spirituelle sur toute
société, la promulgue et la rend obligatoire à tous les hommes,
sans excepter les chefs d'État et les souverains des peuples. Ceux-
ci ne sauraient donc gouverner sagement qu'en recevant de lui
cette morale, source de l'ordre et force de l'autorité. Mais en la
leur imposant, Jésus-Christ fait acte de royauté et règne sur la
puissance civile par sa puissance spirituelle.

Jésus-Christ règne sur l'État par l'autorité spirituelle de son Église. — Le pouvoir civil, dans sa sphère, en ce qui touche à sa fin particulière, la prospérité matérielle de la nation, est indépendant de l'Église; mais, dans l'ordre spirituel et religieux, il est soumis à l'autorité ecclésiastique. Bien qu'ordonné à une fin immédiate d'ordre temporel, l'État n'est pas dispensé de tenir compte du bien spirituel et de la fin suprême de ses subordonnés. De là il est tenu de s'interdire, dans son gouvernement, toute action nuisible à leur bien spirituel; de plus, quand il le faut, il doit mettre son administration au service de ce même bien religieux et moral. Or le gouvernement spirituel ayant été confié par Jésus-Christ à l'autorité ecclésiastique, celle-ci a droit, pour atteindre sa fin, au concours du pouvoir civil dans la mesure utile dont elle est juge. Ces relations entre les deux sociétés nous mènent à la même conclusion : Jésus-Christ, par l'autorité de l'Église qui est sa propre autorité, établit son règne spirituel sur le pouvoir temporel.

Jésus-Christ règne aussi sur la troisième société, la famille. — Est-il besoin de l'expliquer après l'exposé doctrinal qui précède? D'abord tous les hommes sont appelés à la vie chrétienne et à s'agréger à l'Église, où ils entrent par le baptême qui est un sacrement de Jésus-Christ. Un autre sacrement, le mariage, unit les époux chrétiens d'un lien indissoluble et surnaturel, dont Jésus-Christ est l'auteur. Cette union les place sous sa loi, donc sous son autorité et son règne. Il est évident d'autre part que le père et la mère de famille doivent à leur enfants une éducation religieuse conforme à la doctrine de Jésus-

3

Christ. Cette doctrine à qui la demanderont-ils, si ce n'est à l'Église? Sous son autorité, sous sa vigilance et par sa prédication, les enfants recevront l'éducation indispensable au salut de leur âme. De la sorte parents et enfants vivent moralement de la loi et de l'enseignement de Jésus-Christ. Mais, par là, Jésus-Christ n'établit-il pas son règne spirituel sur la société domestique? Ce simple aperçu nous fait voir clairement que si l'État, en se constituant dans la neutralité areligieuse, se met en révolte contre Dieu et renverse la base la plus fondamentale de l'ordre social, à plus forte raison seraient impies et criminels les parents qui, vivant eux-mêmes sans religion, abandonneraient leurs enfants à une ignorance des devoirs religieux désastreuse pour leur vie morale et pour l'avenir éternel de leur âme.

Grandes leçons

En ramenant sous nos yeux l'ordre universel dont les lignes essentielles et immuables viennent de nous être marquées, nous voyons comme dans un tableau le règne de Dieu dans le monde. Il y gouverne tout par Jésus-Christ établi roi souverain des hommes et des sociétés. L'Église, l'État et la famille, soumis à son autorité, trouvent dans cette soumission la grandeur, la paix et la félicité. Plus cet ordre est observé par la société, plus il la rend parfaite. La violation de cet ordre produit inversement l'homme méchant et la société mauvaise. A la lumière de ces vérités fondamentales nous apprendrons à juger de la justesse ou de la fausseté de nos propres idées sur le gouvernement des affaires publiques, et à rectifier, au besoin, notre conduite. Il y a là de grandes leçons.

La première leçon nous avertit que la violation de l'ordre social, la plus profonde et la plus étendue, c'est la méconnaissance officielle de Dieu, de Jésus-Christ, de l'Église et de la religion. C'est, en d'autres termes, l'athéisme de l'État, caché sous cette expression moins révoltante, mais non moins impie, la *neutralité areligieuse*. C'est le *laïcisme* que nous définit une lettre émanée du Vatican : le « laïcisme, forme actuelle de cette impiété qui, au plus grand détriment des peuples, prétend bannir des sociétés toute trace de religion et toute intervention de l'Église [1] ». Dieu et Jésus-Christ, et par suite l'Église et la religion, exclus des lois, des écoles publiques, des tribunaux, des institutions sociales, de l'administration civile à tous les degrés, voilà bien la neutralité areligieuse officielle : c'est en soi le renversement total de l'ordre social. Rien n'y résisterait, si le bon sens et la raison humaine, qui de sa nature est ordonnée au bien, n'y opposaient spontanément quelque barrière. — Or, nous catholiques, quel est notre sentiment sur cette conduite gouvernementale? L'avons-nous regardée en face? En avons-nous mesuré les conséquences et observé les ravages? Méditons sur notre opinion, jugeons-la et voyons si elle n'est pas radicalement à réformer.

La seconde leçon nous apprend qu'après la neutralité areligieuse de l'État, vient la neutralité areligieuse de ces associations et sociétés particulières tout récemment condamnées par le Saint-

[1] Lettre de son Emin. le Cardinal Gasparri à Mgr Jouin, curé de Saint-Augustin, Paris. — Du Vatican, le 20 juin 1919.

Siège, et dont le but réel, sous les apparences de l'honnêteté, est de détourner la jeunesse de la croyance en Dieu et en Jésus-Christ, et de toute religion, laissant à chacun comme seul guide moral ses sentiments personnels et sa conscience, ce qui est livrer l'homme à toutes ses passions et à la licence sans frein[1].

La troisième leçon nous ouvre les yeux sur la valeur morale de ces sociétés, associations et œuvres que forment ou dans lesquelles entrent des catholiques souvent fidèles aux pratiques religieuses, ces sociétés qui, sans aller aussi loin que celles condamnées par l'autorité apostolique, s'en rapprochent néanmoins, et mettent dans leurs statuts et dans leurs conventions, comme règle inviolable, qu'il ne sera jamais dit un mot de Dieu, de Jésus-Christ et de la religion. Ces sociétés sont, elles aussi, condamnables et condamnées par le droit naturel et la loi divine.

Notre devoir est de nous prémunir et de nous garder de ces erreurs qui pervertissent lentement nos idées sur les questions sociales et qui, en nous détachant de la religion dans les affaires publiques, nous en éloignent peu à peu dans la famille et dans notre conduite privée. Notre baptême, notre foi, nos devoirs chrétiens nous crient : « Votre âme n'est-elle pas soumise à Dieu ? A quel maître irez-vous, si vous rejetez Jésus-Christ ? Où trouverez-vous, en dehors de l'ordre divin, la paix et la tranquillité sociale ? »

[1] Décret du S. Office du 5 nov. 1920, condamnant l'association Y. M. C. A. et autres semblables.

III

LE RÈGNE SOCIAL DU SACRÉ-CŒUR

A quelle fin Dieu a-t-il voulu que Jésus-Christ comme homme fût roi des nations humaines et régnât sur elles? Pour quelle raison a-t-il fondé cet ordre universel, où nous voyons tous les êtres créés graduellement soumis au roi sauveur et par lui à l'auteur de toutes choses? Il y a là un mystère profond à découvrir. Dieu, faisant par bonté tout ce qu'il fait, aime les créatures, son ouvrage, et entend être aimé d'elles autant qu'elles sont capables d'amour. N'aura-t-il pas voulu leur donner Jésus-Christ comme roi visible et régnant par amour, afin de soumettre tous les cœurs à son cœur, et, par ce moyen, les élever à l'amour suprême de la bonté infinie? Cherchons. Et si nous reconnaissons qu'il en est ainsi, nous aurons démontré que le règne de Jésus-Christ sur l'humanité, c'est bien en vérité le règne social du Sacré-Cœur.

Dans le règne de Jésus-Christ, deux choses attirent notre attention et guident nos recherches, savoir : *le gouvernement* du roi et *la soumission* du peuple ; en d'autres termes, l'exercice du pouvoir royal et l'acceptation de ses ordres par les subordonnés. De ces deux points, l'un est le principe, l'autre le terme : l'un est le commencement, l'autre l'achèvement. Les deux nous conduisent à la même conclusion et nous prouvent que le règne de Jésus-Christ est un règne d'amour et que, l'amour étant du cœur, le règne de Jésus-Christ est le règne de son divin Cœur.

L'amour vient du cœur, disons-nous, l'amour qui se produit au dehors en paroles et en actes, cet amour vient du cœur. C'est l'expression populaire, intelligible à tous, répondant à cette parole de Jésus-Christ lui-même dans nos saints Livres : « *Ex abundantia cordis os loquitur.* La bouche parle de l'abondance du cœur [1]. » Et encore : « *Bonus homo de bono thesauro cordis sui profert bonum;* l'homme bon tire du bon trésor de son cœur des choses bonnes [2]. » L'expression est fort juste [3]. Ce n'est pas que le cœur, organe vivant du corps humain, soit le *principe actif* des affections intérieures et de l'amour ; mais il en est du moins le *principe passif*, en ce sens que tous ces sentiments d'affection, d'amour, de joie, de douleur se répercutent dans le cœur, l'émeuvent et l'affectent diversement. On dit avec vérité que la

[1] Matth. xii, 34.
[2] *Id.* xii, 35.
[3] Notre-Seigneur s'en est servi lui-même en parlant à sainte Marguerite-Marie : « Mon divin cœur, lui disait-il, est si passionné d'amour pour les hommes... que, ne pouvant plus contenir en lui-même les flammes de son ardente charité, il faut qu'il les répande par ton moyen et qu'il se manifeste à eux pour les enrichir de ses précieux trésors que je te découvre, et qui contiennent les grâces sanctifiantes et salutaires, nécessaires pour les retirer de l'abîme de perdition. » (Cité par A. Hamon, *Sainte Marguerite-Marie, Vie intime,* ch. iv, p. 151.)

joie dilate le cœur, la tristesse le serre, l'amour l'attendrit. Quand il est vivement impressionné, plein et débordant de ces sentiments intérieurs, alors les affections se répandent au dehors en paroles et en œuvres, alors véritablement « la bouche parle de l'abondance du cœur », et l'homme « tire du bon trésor de son cœur les bonnes richesses » qui s'y sont amassées. En appliquant ce principe à la charité de Jésus-Christ, on dira également que son amour pour les hommes, l'amour qu'il manifeste pour les peuples et les nations, vient de son cœur. D'où il suit que cette expression est équivalente à celle-ci : « Jésus-Christ règne par son cœur, Jésus-Christ règne par sa charité, par son amour. » De même, le règne du Sacré Cœur de Jésus n'est pas autre chose que le règne de sa charité. Mais, puisque Jésus-Christ règne avec amour et par amour, son règne est le règne de son Cœur.

Une autre remarque nous mène à la même conclusion. Ces relations intimes et réelles du cœur avec les affections intérieures le font considérer à juste titre comme le symbole et le signe de l'amour[1]. Or, le signe se prenant souvent, dans le langage humain, pour la chose signifiée, il en résulte que le cœur est très souvent pris pour l'amour. Par suite, le Cœur sacré de

---

[1] Léon XIII fait remarquer que cette raison justifie pleinement la consécration du genre humain au Sacré Cœur de Jésus. « Puisque le Sacré Cœur, dit-il, est un symbole et une image de l'amour infini de Jésus-Christ, amour qui nous pousse à nous aimer les uns les autres, il est donc bien naturel de se consacrer à son Cœur très auguste : agir ainsi c'est faire don de soi, c'est se lier à Jésus-Christ, car tout honneur, tout hommage et piété envers le Sacré Cœur s'adresse en réalité à Jésus-Christ lui-même. » (Encycl. *Annum sanctum*, 25 mai 1899).

Jésus signifie fréquemment l'amour de Jésus. Dès lors, quand on parle du règne social du Sacré Cœur de Jésus-Christ, on doit entendre le règne de son amour.

Quelle est donc la différence entre ces deux locutions : « règne social de Jésus-Christ » et « règne social du Sacré-Cœur »? La première formule nous fait plutôt penser à Jésus-Christ régnant sur les nations par son autorité ; la seconde nous le représente régnant sur les peuples par son amour. De manière que, si nous voulons faire ressortir et mettre en évidence que Jésus exerce son autorité, sa puissance royale, *avec charité et par amour*, nous parlerons de préférence du « règne social du Sacré-Cœur ». La formule sera plus expressive et surtout plus populaire. — Mais nous ne pouvons admettre ces conclusions qu'après avoir démontré que le règne de Jésus-Christ est un règne d'amour. La démonstration se tire, avons-nous dit, de deux sources : le gouvernement du roi et la soumission du peuple.

Le gouvernement du Roi

La puissance royale est ordonnée au bien social. — Une différence essentielle existe, parmi les hommes, entre les relations du maître vis-à-vis de ses serviteurs et celles du roi à l'égard de ses sujets. Le maître possède l'autorité et en use pour son propre avantage ; les serviteurs travaillent, en effet, pour le bien de celui qu'ils servent. Le roi, au contraire, est investi de l'autorité avant tout pour l'utilité de ses sujets et gouverne pour l'avantage commun de tous. C'est en réalité à l'ordre et à la prospérité sociale que l'autorité publique est nécessaire. Le bien général est la raison même de son existence. C'est le principe que nous expose Bossuet dans ce magnifique langage : « Je porte mes yeux, dit-il, jusque sur Dieu même, et de cette Majesté infinie je vois tomber sur les rois un rayon de gloire que j'appelle la royauté. Et pour dire plus clairement ma pensée, je soutiens que *la royauté*, à la bien entendre, qu'est-ce, fidèles, et que dirons-nous? *C'est une puissance universelle de faire du bien aux peuples soumis* : tellement que le nom de roi, c'est un nom de père commun et de bienfaiteur général ; et c'est là ce rayon de divinité qui éclate dans les souverains [1]. »

L'ambition des princes terrestres peut abuser à leur profit du pouvoir social : mais la très sainte volonté de Jésus-Christ ne saurait tomber dans ce dérèglement. « Il est roi..., dit saint Augustin, pour gouverner les âmes, défendre leurs intérêts éternels et conduire dans le royaume des cieux ceux qui ont mis en lui leur foi, leur espérance, leur amour. Si donc le Fils de Dieu... a voulu être roi..., ce n'est point une élévation pour lui, c'est un acte de bonté pour nous, c'est un témoignage de miséricorde plutôt qu'un accroissement de puissance [2]. » Remarquons cette parole du grand Docteur : « Si le Fils de Dieu a voulu être roi, c'est *un acte de bonté pour nous*. » Mais un acte de bonté apporte toujours quelque bienfait à celui qui en est l'objet. Il est aussi un acte d'amour, car aimer quelqu'un, c'est lui vouloir du bien. Cette vérité nous amène à conclure que Jésus-Christ est roi des nations et les gouverne pour leur propre bien.

[1] Second sermon pour la Circoncision de N.-S.
[2] S. August., *Sur l'Évangile de saint Jean*, Traité 51, n° 4.

Son règne étant ainsi un règne d'amour et l'amour appartenant au cœur, nous y retrouvons le règne social de son Cœur sacré.

Toutes les dignités de J.-C. tendent à notre bien. — Cette même conclusion ressort encore plus lumineuse de la nature des diverses dignités que nous avons déjà admirées en Jésus-Christ. Il est, à vrai dire, *seigneur* et *maître* de toutes choses, et, comme tel, il a droit à voir toutes les créatures travailler pour son honneur et sa gloire. Néanmoins nous devons reconnaître qu'il est aussi seigneur et maître pour notre plus grand avantage. Il n'en est pas de lui comme des autres maîtres. Le bien que reçoit un maître ordinaire du travail de ses serviteurs ne contribue pas au bonheur de ceux-ci. Le contraire arrive aux serviteurs de l'Homme-Dieu. La bonté divine a disposé les choses avec tant de sagesse que ce qui fait la gloire de Jésus-Christ constitue en même temps le plus grand bien de ceux qui le servent. La gloire de Jésus-Christ, comme celle de Dieu, c'est d'être connu, honoré, aimé des créatures intelligentes. Mais la suprême félicité des créatures douées de raison consiste dans la connaissance parfaite de la vérité absolue qui est Dieu, et dans l'amour de la bonté infinie qui est encore Dieu. En ce sens il est rigoureusement vrai de dire que si Jésus-Christ est notre seigneur et maître, ce n'est point uniquement pour sa gloire, mais encore pour notre souverain bonheur.

Il est sauveur pour nous donner la grâce du salut, rédempteur pour notre rachat, docteur pour notre instruction. Enfin, roi, il éloigne du mal, et nous conduit de vertu en vertu.

ne songeant qu'à multiplier nos mérites afin d'embellir notre récompense. Il domine l'ouvrage immense de la bonté divine, laquelle est infuse dans l'ordre universel. Il est plein de bonté en toutes choses. Seigneur par bonté, sauveur par bonté, docteur par bonté, comment ne serait-il pas roi par bonté, alors que ce titre même ordonne à ceux qui le portent de procurer le bien commun des sujets et de la société entière qu'ils gouvernent. Il est donc vrai que la bonté et l'amour inspirent tous les actes de sa royauté. Pour achever notre conviction et ne plus douter que son règne est le règne de son cœur, portons nos regards sur le don par excellence de sa bonté.

Don de l'Eucharistie. — Si grand est l'amour de Jésus-Christ pour nous, qu'après nous avoir prodigué tous les biens dont sa puissance royale dispose au ciel et sur la terre, ne trouvant plus rien autour de lui à donner, il se donne lui-même : l'Eucharistie nous montre la dernière mesure de cet amour. Son Cœur, en effet, poussant à l'extrême ce désir du Verbe éternel : « *Deliciæ meæ esse cum filiis hominum* [1] *:* mes délices c'est d'être avec les enfants des hommes, » il invente à cette fin un nouveau mystère qui lui permet de réaliser tout ce que l'amour contient de plus fort. C'est une loi de l'amour que l'ami recherche la présence de son ami : or, dans l'Eucharistie, Jésus-Christ se rend perpétuellement présent au milieu des hommes. L'amour sincère et intense porte celui qui aime à s'immoler pour celui qui est aimé : *Il n'y a pas de plus grand amour que de donner sa vie*

[1] Proverb. viii, 31.

pour ses amis [1]. Or Jésus-Christ s'immole pour nous dans le sacrifice eucharistique. Enfin le dernier terme de l'amour c'est l'union du cœur aimant avec le cœur aimé. Mais, dans l'Eucharistie, Jésus-Christ s'unit par la sainte communion au plus intime de l'être humain, à notre cœur. L'union est si profonde que son corps devient la nourriture et son sang le breuvage du communiant ; entre l'un et l'autre il n'y a pas seulement présence de deux amis dans un même lieu, mais intimité telle que Jésus-Christ a pu dire : *Celui qui mange ma chair et boit mon sang, demeure en moi et moi en lui* [2]. L'Eucharistie est un mystère d'amour tellement surhumain, que dans le langage des hommes il ne s'est pas trouvé un titre à donner à l'auteur de cette ineffable invention. Jésus-Christ auteur de l'Eucharistie ne porte aucun nom particulier indiquant qu'il est le créateur de cette œuvre d'amour. Ses autres bienfaits se rattachent à un nom qui en rappelle l'auteur. Par exemple, à cause que nous lui devons notre salut, il se nomme « sauveur ». Quant au bienfait eucharistique, rien de cela. Il a voulu laisser à son cœur la gloire de l'invention, il a voulu nous obliger à dire : « L'Eucharistie est le sacrement de son amour, c'est l'œuvre de son Sacré Cœur. »

Plus que tout, ce mystère adorable nous donne le droit de conclure que le règne de Jésus-Christ est un règne d'amour, et que dans ce divin sacrement réside le chef-d'œuvre de son règne, le règne de son Cœur brûlant de charité pour nous. La vérité se dévoile. Jésus-Christ a voulu être roi et user de la puis-

[1] Joan. xv, 13.
[2] *Id.* vi, 56.

sance royale, tout d'abord sans doute pour notre bien et notre
bonheur. En sorte que c'est son amour qui a exercé l'autorité
royale, porté des lois, dicté des ordres et dirigé tous ses actes
vers notre bien. C'est, en réalité, son amour qui règne, mais,
encore une fois, l'amour est du cœur. Ainsi, de toutes manières
et par toutes les voies, nous sommes conduits à conclure que le
règne de Jésus-Christ sur les hommes et sur les nations est, en
vérité, le règne social du Sacré Cœur.

La soumission des sujets

Le règne d'un souverain a pour terme la soumission des
sujets ; il se complète dans les sujets soumis et obéissants. Sur
les insoumis le souverain règne seulement par les lois que,
contre leur gré, il leur impose, et par les châtiment auxquels la
justice les condamne. Ainsi en est-il du règne social de Jésus-
Christ ; il obtient son complément dans la soumission des sociétés, des gouvernants et des gouvernés, et arrive au suprême
degré de sa perfection, lorsque la soumission est faite avec
amour et par amour. L'équité demande qu'elle soit faite ainsi.
Au commandement de Jésus-Christ, émané de son amour
pour nous, doit répondre une soumission émanée de notre
amour pour lui. Faut-il du moins que l'amour accompagne
notre soumission, sinon elle ne répondra pas exactement au
caractère et à la mesure du commandement. Un précepte
d'amour n'appelle-t-il pas une obéissance d'amour ?

Cette corrélation est si bien dans la pensée et dans la volonté de Jésus-Christ, qu'il nous fait un commandement de l'aimer. *Celui*, dit-il, *qui aime son père ou sa mère plus que moi, n'est pas digne de moi*[1]. Et encore : *Si Dieu était votre Père, vous m'aimeriez*[2]. Et encore : *Celui qui m'aime sera aimé de mon Père*[3] ; montrant par là que l'amour de Dieu et l'amour de Jésus-Christ sont inséparables, et que l'un et l'autre nous obligent également. — Saint Paul affirme avec énergie le même précepte : *Si quelqu'un n'aime pas le Seigneur, qu'il soit anathème*[4]. Sous le nom de Seigneur, l'Apôtre entend ici Jésus-Christ.

Il est donc vrai, comme nous l'avons remarqué, que le caractère propre du règne de Jésus-Christ, c'est d'exiger l'amour de ses sujets. Nous disons avec raison le *caractère propre* de son règne, car parmi les rois de ce monde en est-il un seul qui prétende faire à ses sujets une loi de l'aimer? Ces rois gagnent l'amour de leur peuple par la bienveillance et la générosité, ils n'oseraient leur en faire une obligation au nom de leur autorité. Le commandement de Jésus-Christ prouve donc qu'il veut non seulement régner sur les intelligences par sa doctrine et sur les volontés par ses ordres, mais encore sur les cœurs par son amour. Quand les peuples se soumettent à son pouvoir jusqu'à l'amour, alors son règne parvient à son complément, à sa perfection. En raison de ce terme final, nous devons redire que le

[1] Matth. x, 37.
[2] Joan. viii, 42.
[3] *Id.* xiv, 23.
[4] *Id.* xv, 10.

règne social de Jésus-Christ, étant un règne d'amour, est en vérité le règne social de son Cœur.

Ne semble-t-il pas que ce mot de règne *social* provoque une explication? L'amour paraît n'être en effet qu'un acte personnel. On comprend que chaque homme en particulier aime Jésus-Christ et lui manifeste son amour dans le secret de son cœur. Mais le règne *social* est un règne sur la société même, et alors comment concevoir qu'une société, cet ensemble de ministres et de citoyens, de chefs d'État et de peuple, rende à Jésus-Christ un hommage d'amour collectif? — Cet hommage est possible néanmoins. Dans les choses civiles, le principal hommage d'une nation à Jésus-Christ, hommage collectif et social, c'est la soumission publique, légale, nationale à sa loi. Lorsque le législateur, le juge, le fonctionnaire dans l'exercice de leur charge respectent les commandements de Jésus-Christ et les font respecter, l'hommage est essentiellement social, et il est un hommage d'amour, suivant cette parole du Maître: « *Si præcepta mea servaveritis, manebitis in dilectione mea* : Si vous gardez mes commandements, vous demeurerez dans mon amour[1]. » Les souverains et la foule, par leur ardeur et leur piété dans les prières et les cérémonies publiques, par le chant des hymnes et des cantiques exprimant des sentiments de piété et d'amour envers le divin Roi, produisent également une manifestation commune de l'amour de tous et lui offrent une preuve ostensible de son règne sur les affections de leur cœur.

Cependant c'est dans l'Eucharistie et par l'Eucharistie que triomphe le règne social du Sacré Cœur. De même que dans

[1] Joan. xv, 10.

l'Eucharistie s'épanouit l'amour royal de Jésus-Christ, de même par l'Eucharistie la soumission d'amour pour lui prend son expansion la plus complète.

L'Eucharistie est, en effet, le sacrifice unique et universel de la religion catholique, une et universelle. Le sacrifice eucharistique appartient par essence au culte public dont il est le centre. Il en est l'acte principal, résumant en lui-même tous les actes du culte de latrie : adoration, prière, action de grâces, expiation, amour. Or les sociétés sur lesquelles Jésus-Christ souverain règne par sa religion et ses lois, sont tenues de rendre à Dieu un culte public, et, parmi toutes ces cérémonies religieuses, d'offrir, par le prêtre et avec le prêtre, le rite principal, le sacrifice, le grand sacrifice de l'Eucharistie, que dans une vision lointaine Dieu montrait à son prophète : « Du levant au couchant, on offre en tout lieu le sacrifice, on offre à mon nom une hostie pure[1]. »

Conséquences générales :
Les sociétés dans l'ordre magnifique du plan divin

Appelez maintenant tous les peuples à ce sacrifice, dans lequel le Roi des nations a déployé toute la puissance de sa bonté, de son amour, de son cœur. Dites aux foules : « *Venite, adoremus*: venez et adorons. *Christum regem adoremus dominantem gentibus, qui se manducantibus dat spiritus pinguedinem:* Ado-

[1] Malach. III, 9.

rons le Christ Roi souverain des nations, il donne à ceux qui le mangent la pleine vigueur de l'esprit[1]. » Le Roi des nations est le Roi de l'Eucharistie et de l'amour divin, rendons-lui un hommage d'amour public et solennel.

Qu'elles accourent, obéissantes, les sociétés de la terre sur lesquelles le divin Roi a établi son règne. L'Église est venue avec ses prêtres et ses pontifes ; l'État avec ses souverains et ses peuples ; la famille avec tous ses membres, père, mère et enfants : les trois sociétés qui englobent le genre humain s'agenouillent et adorent. Elles ont reçu avec soumission la doctrine de Jésus-Christ, la morale de Jésus-Christ, l'autorité du Vicaire et des Pasteurs de Jésus-Christ. Mais ce n'est point assez. Le divin Roi a élevé la voix et parlé à la multitude innombrable de ses adorateurs ; il leur dit : « Ici, dans le temple sacré, à l'autel et au sacrifice de mon Eucharistie, je suis présent parce que je vous aime, vous que j'ai nommés mes amis : *vos dixi amicos*[2]. » Et les adorateurs acceptent l'amour de l'ami présent, et ils aiment ! Le divin Roi leur dit : « Ici je renouvelle pour vous l'immolation de la croix offerte pour vous. » Et les adorateurs acceptent l'amour de la sainte victime, et ils aiment ! Le divin Roi leur dit : « Ici je me donne en nourriture pour vous ; celui qui me mange demeure en moi, et moi en lui. » Et les adorateurs acceptent son amour d'union, ils communient et ils aiment ! Et cet amour ravive la foi des nations, emporte l'obéissance à toutes les lois, la soumission à toutes les volontés du grand Roi. Elles aiment et cela suffit. Les peuples de la terre.

[1] S. Thomas, Invitatoire de l'Office du très saint Sacrement.
[2] Joan. xv, 15.

4

pontifes et fidèles, princes et sujets, pères et enfants, tous devant Jésus-Christ et devant Dieu, adorent avec amour, prient avec amour, remercient avec amour, réparent avec amour. Il s'aiment d'un amour pur comme le ciel, aussi profond que le firmament. Ils aiment le Roi souverainement saint, souverainement bon, et, par lui, ils s'élèvent jusqu'au principe de toute bonté, à Dieu qui crée toute choses avec amour et reçoit pour sa gloire et pour leur félicité l'amour de ses créatures. C'est le règne de Jésus-Christ sur la terre et au ciel, et ce règne ne saurait mieux se nommer que le règne social du Sacré Cœur de Jésus.

DEUXIÈME PARTIE

EXPOSÉ HISTORIQUE

PAR

Georges de NOAILLAT

DIRECTEUR DU HIÉRON DE PARAY-LE-MONIAL
ET DE LA SOCIÉTÉ DU RÈGNE SOCIAL DE JÉSUS-CHRIST

Nihil obstat :

† FLORENTIUS MICHAEL MARIA,
Épisc. Aeniensis Auxil.

Imprimatur :

Turonibus, die 24 Martii, in Cœna Domini.

† ALBERTUS,
Archiepiscopus Turonen.

CINQUANTE ANS D'HISTOIRE RELIGIEUSE

Touchant la Royauté sociale de Jésus-Christ

DE 1864 — BÉATIFICATION DE MARGUERITE-MARIE
A 1920 — DATE DE SA CANONISATION

Progression de cette idée chez les catholiques en face de la progression des négations officielles

---

AVANT-PROPOS

Depuis le 13 mai 1920, Marguerite-Marie a reçu les suprêmes honneurs de l'Église. Cet événement mondial est à la fois un enseignement et un signe précurseur; l'apôtre de l'amour divin a reçu mission en 1689 de faire reconnaître la royauté sociale de Jésus-Christ, *Rex regum et Dominus dominantium* (Apoc. xix, 16).

La royauté du Christ-Hostie a été pendant des siècles la loi suprême des États, des gouvernements et des peuples qui formaient la « chrétienté ». Entre les nations et l'Eucharistie s'était établie une sorte de rivalité d'hommages et de bienfaits qui éclaire de son vrai jour toute l'histoire de la civilisation chrétienne. La Chrétienté légiférait, combattait, testait sous le pouvoir suprême du Christ, sous son règne. Elle n'avait point besoin du terme « le règne social de Jésus-Christ », *elle le vivait.*

Il a fallu le protestantisme, le jansénisme et le rationalisme pour renverser cette vraie notion du pouvoir politique si féconde en fruits de prospérité et de gloire, malgré les désordres inhérents à l'humanité. La Révolution française a osé nier théoriquement les droits souverains de Jésus-Christ, et les constitutions des sociétés modernes continuent à les nier pratiquement.

Mais Notre-Seigneur est apparu sur le sol privilégié de Paray, et reprenant à plus de quinze siècles de distance la parole de l'Apôtre : *Oportet illum regnare*, il a dit : *Je régnerai malgré mes ennemis et tous ceux qui s'y opposeront* (*Contemporaines*. II, 416).

Notre-Seigneur n'innovait pas : il voulait simplement le retour à l'ordre social sous lequel avait fleuri la *Chrétienté ;* les demandes du Sacré-Cœur avaient des précédents historiques.

En réclamant les consécrations et les hommages officiels, le Christ offrait à la France et aux autres nations une *nouvelle alliance*. Il leur promettait la paix tant désirée, et toujours attendue, ainsi que le rappelle l'inscription du Hiéron de Paray :

PACIS RESTAURANDÆ, PARODII, CIVITATIBUS, REGNIS
DATUM EST PROMISSUM
SI IN CHRISTUM-HOSTIAM (sub signo SS. Cordis)
OBSEQUIUM JURETUR [1]

---

[1] « C'est à Paray qu'en faveur du rétablissement de la paix sociale, aux Etats et aux royaumes une promesse a été faite à condition qu'au *Christ-Hostie* (sous le symbole du Sacré-Cœur) l'hommage soit juré. »

PREMIÈRE PÉRIODE

DE 1864 — BÉATIFICATION DE MARGUERITE-MARIE
A 1899 — CONSÉCRATION DU GENRE HUMAIN AU SACRÉ-CŒUR

Jusqu'en 1864, la dévotion au Sacré-Cœur avait été surtout d'ordre intime et individuel et se rapportait aux premières révélations. Depuis la béatification, la voie s'ouvre à la réalisation des révélations dites sociales de 1689.

1864. — **18 septembre.** — Béatification de Marguerite-Marie.

1866. — Le chanoine Gras y Granollers fonde à Grenade (Espagne) une vaste association (Académie et Cour du Christ) pour restaurer et promouvoir le règne de Notre-Seigneur Jésus-Christ au saint Sacrement avec cette devise : « Le Christ règne. » Il publie plus tard un ouvrage intitulé : *Un monument à la souveraineté du Christ.*

1868. — L'épiscopat belge consacre la Belgique au Sacré Cœur de Jésus.

1870-71. — Poitiers. Vœu de MM. Legentil et Rohault de Fleury au Sacré-Cœur (Vœu national. Montmartre).

1871. — Les volontaires de l'Ouest conduits par Charette arborent à Patay, sur l'ordre du général de Sonis, la bannière du Sacré-Cœur brodée par les Visitandines de Paray.

1873. — **Mars.** — L'épiscopat irlandais consacre l'Irlande au Sacré Cœur de Jésus.

1873. — **25-31 juillet.** — Loi des Chambres françaises déclarant d'utilité publique l'église du vœu national (basilique du Sacré-Cœur à Montmartre).

1873. — Le R. P. Victor Drevon, S. J., que Mgr Gauthey a appelé l'un des plus intrépides chevaliers du saint Sacrement, lance un vibrant appel à la France catholique, demandant que les pèlerins viennent en foule à Paray. Le mouvement qu'il crée attire 200 000 personnes. Le 20 juin, fête du Sacré-Cœur, on compte 2 000 prêtres et 30 000 pèlerins. Monseigneur l'évêque d'Autun lit une consécration que la foule ponctue par ce cri : « O Jésus, vous serez notre Roi. »

Le Père Drevon avait obtenu de plus de 200 députés de l'Assemblée Nationale la promesse de se rendre à Paray.

Le 29 juin, M. Gabriel de Belcastel et 50 de ses collègues de l'Assemblée nationale, représentant plus de 200 députés, viennent offrir au Sacré Cœur de Jésus un hommage solennel qui, pour n'être pas officiel, n'en constituait pas moins le prélude du geste invinciblement espéré.

Sur l'initiative du Père Drevon, des prières publiques sont ordonnées par l'Assemblée nationale.

Nul ne peut dire l'influence exercée par ces premiers hommages officiels et par ces *prières nationales*. Le Père Drevon inaugure ainsi le grand mouvement social qui ébranlera nos sociétés et les ramènera auprès de son Roi, le Christ-Hostie. Mlle Tamisier, l'inspiratrice des congrès eucharistiques, l'écrira plus tard, le 29 juin 1897, au président de la Société du Hiéron :

« Les congrès eucharistiques *sont nés à Paray-le-Monial* de la consécration de la France au Sacré-Cœur par nos députés. »

1873. — **3 septembre.** — Garcia Moréno promulgue la loi qui déclare l'Équateur « République du Sacré-Cœur. »

1876. — **1er juin.** — Fondation à Paray-le-Monial, par Mgr l'évêque d'Autun, futur cardinal Perraud, de la *Société des chapelains de la Basilique*, destinée à organiser les pèlerinages et à répandre dans toute la France le culte du Sacré-Cœur.

1877. — Fondation à Paray-le-Monial d'un musée et d'une bibliothèque eucharistiques ; 4 000 volumes, 1 500 gravures et des centaines de tableaux, acquis dans la plupart des pays de l'Europe, y sont réunis.

1880. — **Mars.** — Le Père Drevon meurt à Rome[1] en con-

---

[1] Le Père Drevon est une des plus nobles figures du monde catholique à cette époque. D'une foi invincible et d'une ardente piété envers le Sacré-Cœur, il se lança avec une intrépidité digne d'un descendant de Bayard (il l'était par sa mère) dans des entreprises vastes comme son zèle. Avant sa mort prématurée, il avait : 1° mené à bien cette manifestation nationale que nul, hélas ! n'a pu renouveler ; 2° initié ainsi les pèlerinages de Paray et les congrès eucharistiques ; 3° fondé la Communion réparatrice, plus tard absorbée par *l'Apostolat de la prière* ; 4° conçu le plan de la Société du Règne social de J.-C. et discerné l'homme auquel il devait en confier l'établissement.

fiant au baron de Sarachaga[1] la tâche de fonder la Société du Règne social de Jésus-Christ, dont le but sera d'offrir à Jésus-Christ-Hostie les réparations sociales qu'il a réclamées lui-même à Paray en 1689 au nom de son Sacré Cœur, réparations dont Notre-Seigneur a fait la condition d'une effusion de grâces inouïes sur la société et l'humanité toute entière.

1881. — 26 juin. — L'Espagne, célébrant à Tarragone un concours solennel en l'honneur du Sacré Cœur de Jésus, affirme qu'elle attend le salut du divin Cœur vivant dans le saint Sacrement de l'autel et acclame comme Roi Jésus-Christ-Eucharistie.

1881. — 29 juin. — Premier congrès eucharistique à Lille. Gabriel de Belcastel, dans son discours, parle du règne social de Jésus-Christ.

Le R. P. Fristot, S. J., fait sur la bibliothèque et le musée de Paray un rapport que le R. P. Tesnière reproduit aussitôt dans sa revue : « Le Très-Saint-Sacrement. »

1881. — 9-14 septembre. — Congrès des catholiques du Nord, à Lille. Selon le vœu exprimé en juin par le congrès eucharistique, M. de Sarachaga expose à Lille pendant une

[1] Le baron Alexis de Sarachaga, mort en 1918. Figure expressive et ardente, jeune converti alors, descendant par son père d'un frère de sainte Thérèse. Il mit ses vastes connaissances d'érudit et d'artiste, ses relations avec les cours européennes, sa fortune qu'il épuisa sans compter au service du Règne social de Jésus-Hostie et du musée et de la bibliothèque du Hiéron. Son humilité était profonde comme il convient aux serviteurs de l'Eucharistie. Quand on exaltait ses travaux ou sa générosité devant lui, une souffrance si sincère se peignait sur ses traits, que l'on n'y revenait plus.

quinzaine une section du musée de Paray, celle qui se rapporte aux miracles eucharistiques[1].

1882. — 14 septembre. — Deuxième Congrès eucharistique, à Avignon. Rapport de M. l'abbé Gauthey, futur archevêque de Besançon, sur la bibliothèque et le musée de Paray. Il conclut en promettant à ceux qui iront les visiter « que leur foi sera fortifiée, leur cœur réjoui et qu'ils concevront une invincible espérance du règne prochain et magnifique de Jésus-Eucharistie dans le monde ».

La même année, fondation de la *Société du Règne social de Jésus-Christ*, ayant son siège au musée de Paray et composée de religieux, de prêtres et de laïques connus par leurs travaux antérieurs.

1883. — 1ᵉʳ janvier. — Cette Société fait paraître la revue « Le règne de Jésus-Christ, » pour reconstituer l'histoire des hommages au Christ-Roi régnant dans l'hostie chez tous les peuples chrétiens.

1884. — L'assemblée nationale de la République de l'Équateur vote l'érection d'une basilique au Sacré-Cœur.

---

[1] Dans le numéro du 16 novembre 1881 du *Très-Saint-Sacrement* le R. P. Tesnière publie un article relatif à cette exposition : « Là, dit-il, dans trois salons successifs, nous avons pu voir plus de gravures relatives à l'Eucharistie que nous ne soupçonnions même qu'il en existât ; que cette exposition est belle, qu'elle est éloquente, qu'elle est inattendue ! Que sera le musée de Paray, quand une seule de ses sections et partielle même présente de telles richesses, expose de tels trésors ? »

Le 20 novembre 1881, le R. P. Fristot, S. J., pour rendre encore plus vivante cette exposition iconographique, donne à Lille une conférence sur le rôle social et national des miracles eucharistiques.

1885. — **3 septembre.** — *Congrès eucharistique de Fribourg.* — 4 ooo personnes y prononcent solennellement le serment : « Vive Jésus-Hostie ! Je jure fidélité à son règne social. »

Le comte Albert de Mun rapporte de ce congrès une impression très profonde, dont le résultat sera la fondation, l'année suivante (mai 1886), de l'*Association catholique de la jeunesse française.* But de cette association : la restauration de l'ordre social chrétien.

1885. — Fondation à Turin, par le R. P. Sanna-Solaro, S. J., à la suite d'un voyage à Paray-le-Monial, d'une section italienne de la *Société du Règne social de Jésus-Christ.* Il lui donne le nom de *Société des fastes eucharistiques.* Président d'honneur : S. É. le cardinal Alimonda, arch. de Turin ; président effectif : Mᵍʳ Schiaparelli, recteur de l'église du Miracle à Turin ; vice-président : R. P. Sanna-Solaro. M. de Sarachaga prend à sa charge les dépenses de cette section italienne.

1885. — **19 octobre.** — Fondation à Gand de la section belge des *Fastes eucharistiques.* Président : comte Étienne d'Alcantara.

1886. — **21 juin.** — Consécration solennelle de la République de l'Équateur au Sacré Cœur de Jésus.

1886. — Fondation à Madrid du comité espagnol des *Fastes eucharistiques,*

1887. — **2 février.** — Fondation au Portugal, à Porto, d'une « Section portugaise des Fastes eucharistiques », sous la présidence d'honneur de S. G. Mᵍʳ de Ménérès, archevêque de Mitylòne. Président effectif, docteur de Seabra, professeur de théologie.

1887. — ·Fondation de *l'Union des communes au Sacré-Cœur*, pour obtenir des consécrations officielles de communes au Sacré-Cœur. Président : M. de La Morlière d'Ainval, ingénieur de la Cⁱᵉ des Chemins de fer d'Orléans, membre du comité directeur de la *Société du Règne social de Jésus-Christ*.

1888. — **16 février**. — Assemblée à Rome, chez les Dames de l'Adoration perpétuelle, des délégués des différentes sections des « Fastes Eucharistiques » : délégués français, belges, italiens, portugais, espagnols, réunis dans l'intention de présenter l'œuvre au Saint-Père; des statuts provisoires de la *Société internationale des fastes eucharistiques*, unissant toutes les filiales à la société centrale de Paray, sont proposés.

1888. — **19 février**. — Audience de ces délégués au Vatican, ménagée par le cardinal Alimonda. L'adresse présentée à Léon XIII expose que l'œuvre est née de cette considération que Notre-Seigneur a fait à Marguerite-Marie cette promesse : « Je régnerai malgré mes ennemis. » En vue de hâter l'avènement de ce règne social, des sociétés, filles de la première association de Paray, ont été fondées dans différents pays pour rassembler les livres, documents et objets d'art qui faciliteront plus tard l'histoire sociale et mondiale de Notre-Seigneur au très saint Sacrement.

1888. — 10 avril. — Bref de Léon XIII adressé au R. P. Sanna-Solaro et approuvant très explicitement les travaux de la *Société dite des fastes eucharistiques :*

« *Societas a fastis eucharisticis hoc se velle profitetur conferre operam ad tuendum Christi Domini in civitatibus imperium propositum per se sane excellens. Quid enim fieri sanctius queat quam eniti ut ad obsequium Dei gentes vocentur* [1] *?* »

1888. — 9 juin. — Rescrit de la Sacrée Congrégation accordant de précieuses indulgences aux membres de la Société des Fastes (4 indulgences plénières par an, et l'indulgence *in articulo mortis*).

1888. — 3 juillet. — Congrès eucharistique de Paris. Le Père Sanna-Solaro y fait un rapport sur les promesses du Sacré-Cœur et les hommages qui en sont la condition.

Il entreprend à partir de cette époque une croisade en faveur de l'hommage à la royauté sociale de Jésus-Christ. Son apostolat s'adresse à tous les peuples.

1888. — Mᵍʳ Cirot de La Ville publie l'ouvrage : *Le règne du Sacré Cœur de Jésus-Christ* (Considérations religieuses et politiques).

1889. — 27 février. — Le cardinal Alimonda, archevêque de Turin, approuve les statuts définitifs de la « Société internationale des Fastes eucharistiques ».

[1] Léon XIII approuve la société parce que, selon les termes du bref « elle fait profession de vouloir employer ses soins à maintenir dans les Etats l'empire du Christ, entreprise excellente par elle-même, car il n'y a rien de plus saint que de s'efforcer d'appeler les nations à rendre hommage à Dieu. »

1889. — **11 juin.** — Mgr Sarto, évêque de Mantoue, le futur Pie X, écrit dans une lettre pastorale : « Nous voulons, ô divin Roi, que vous soyez le maître de tout. Nous reconnaissons et publions votre souverain empire et votre droit absolu de régner. Nous reconnaissons et publions vos droits sur la société et nous désirons qu'ils soient solennellement reconnus de toute la terre. »

1889. — **20 juin.** — Acte d'hommage international, provoqué par la Société des Fastes et prêté au sanctuaire de Paray (acte d'hommage à la majesté régnante du Sacré Cœur de Notre-Seigneur Jésus-Christ au très saint Sacrement de l'autel, pour hâter la restauration de son règne social), pour commémorer le 2e centenaire des grandes demandes sociales de 1689 et de cette parole du Sacré-Cœur à Marguerite-Marie : « Je régnerai malgré mes ennemis. »

1889. — **juin.** — En Italie, Mgr l'évêque de Vigevano écrit une lettre pastorale relative à l'hommage qui doit être prêté à Paray-le-Monial le 15 août 1889.

1889. — **7 juillet.** — Le chanoine Shorderet, de Suisse, directeur général de l'Œuvre de Saint-Paul, parle au congrès de Zurich sur le règne social de Jésus-Christ.

1889. — **14-15 août.** — Assemblée de Paray-le-Monial ; hommage solennel et international, semblable à celui du 20 juin et ayant pour but de contrebalancer la célébration par la France officielle du centenaire de la Déclaration des Droits de l'homme et du citoyen.

Réunion d'études où sont exposés les droits de l'Homme-Dieu sur les sociétés et les peuples. Sont présents les délégués des sections et comités italien, suisse, belge, espagnol, portugais, chilien, de la Société internationale des Fastes. Les Italiens apportent l'adhésion signée d'un cardinal, de 7 archevêques, 19 évêques, 680 curés d'Italie et de 80 paroisses du diocèse de Turin. Les délégués du Chili, 8 000 adhésions. Les délégués suisses ont à leur tête M. de Wuilleret, président du grand conseil de Fribourg, et le chanoine Shorderet.

1890. — Construction à Paray, par le baron de Sarachaga, du « Hiéron », édifice destiné à renfermer les collections toujours croissantes de la *Société du Règne social de Jésus-Christ*. L'édifice sera achevé en 1893. Il porte cette dédicace : « A Jésus-Hostie Roi. »

1890. — **10 juin.** — A Madrid, dans l'église Saint-Martin, en présence du nonce apostolique, le jeune roi Alphonse XIII, sa mère la reine régente Marie-Christine et toute la famille royale se consacrent solennellement au Sacré Cœur de Jésus, Roi des rois[1].

1890. — **29 septembre.** — Le congrès des catholiques de l'Ouest, à Nantes, vote le vœu suivant : « .Que tous les catho-

---

[1] Notons ici le rôle historique que joue saint Martin dans ce qui touche le règne social de Jésus-Christ. La chape de saint Martin est le premier drapeau sous lequel les Francs combattent pour implanter la civilisation chrétienne. En 1227, Julienne de Mont-Cornillon, Valentine de Huy et la bienheureuse Eve se rencontrent à Liége dans la basilique de Saint-Martin ; elles y obtiennent la première célébration de la Fête-Dieu (1247), qui va bientôt devenir fête universelle. C'est à Tours qu'au-

liques, et ceux de l'Ouest en particulier, travaillent, chacun dans la mesure de ses forces et dans sa sphère d'action propre, à remplir par l'hommage individuel, familial, communal et national, la troisième des demandes faites par Notre-Seigneur Jésus-Christ à la bienheureuse Marguerite-Marie, le 17 juin 1689. »

1890. — 6 décembre. — Établissement à Montmartre, sous le nom d'Adoration perpétuelle et universelle, d'une vaste union de prières entre les diocèses et vicariats apostoliques, les principaux sanctuaires et les œuvres, afin d'attirer la protection divine sur les grands intérêts de Jésus en ce monde et d'obtenir son règne universel. (Approb. du cardinal Richard, arch. de Paris.)

1891. — 2 août. — A Périgueux, hommage au Sacré-Cœur, au nom de toute la province du Périgord, en présence de Mᵍʳ l'évêque, sur l'initiative de M. de La Morlière d'Ainval, membre du comité directeur de la Société du règne de Jésus-Christ et président de l'Union des communes au Sacré-Cœur.

1893. — Le R. P. Albert Delaporte, missionnaire du Sacré-Cœur, fait paraître l'ouvrage *Le règne social de Jésus-Christ*, où la question des hommages est étudiée dans sa doctrine, dans son passé historique et dans ses applications contemporaines.

près de saint Martin, Jeanne d'Arc vient, en 1429, faire exécuter et bénir sa bannière qui portait le Christ avec le globe, insigne de sa puissance royale; en 1870, c'est là encore que les Visitandines de Paray ont l'inspiration d'envoyer l'étendard sur lequel elles avaient brodé le Sacré-Cœur et sous les plis duquel vont lutter, à Patay, les héroïques zouaves de Sonis et de Charette.

5

1894. — 8 juillet. — *Congrès eucharistique de Turin.* — Organisé par le R. P. Sanna-Solaro, qui y fait acclamer la royauté sociale de Jésus-Christ. Un hommage au Christ-Roi dans le saint Sacrement est solennellement prononcé.

1894. — Décembre. — Mgr l'évêque de Blois insère dans son Ordo un hommage au Sacré-Cœur qui se lit dans les adorations perpétuelles à la suite de l'Amende honorable. Il le prononce lui-même à la cérémonie de l'Adoration perpétuelle pendant l'Avent.

La demande lui en avait été faite par le baron Léon de Maricourt, secrétaire général de la Société du Règne social de Jésus-Christ et de la Société internationale des Fastes eucharistiques[1].

---

[1] Mlle Tamisier écrit le 21 décembre 1894 au directeur du Hiéron : « Le congrès de Turin a avancé de beaucoup cette grande affaire (celle de l'hommage). Voilà Blois qui se lève... » Après avoir exprimé le vœu de voir cette pratique se généraliser dans les adorations diocésaines, Mlle Tamisier ajoute : « Dites-moi votre idée sur tout cela et aidez-nous, puisque c'est à vous que Dieu a donné cette première pensée de reconnaître « Jésus-Eucharistie, Roi temporel de la société ». — Un mois après, le 28 janvier 1895, elle lui écrivait : « Toutes vos œuvres sont fort belles, c'est une mine pour l'avenir, et c'est aussi une semence. » — Et le 10 janvier 1896 : « Toute l'année, l'hommage a été prononcé aux Adorations perpétuelles de paroisses dans le diocèse de Blois... Etudiez le moyen de donner une grande vie à cette œuvre. Nous ne serons sauvés que par l'Eucharistie.» — Quelques années plus tard, le 28 janvier 1898 : « Vous êtes les chercheurs, les fouilleurs de l'avenir. Un jour, revenus à des temps meilleurs, les esprits un peu calmés s'élanceront sur vos traces, entreront dans vos travaux. Voyez déjà l'extension des progrès du règne de N.-S. ! Forcément on y arrive. C'était notre but à l'aurore des congrès. Mais précisément, pour y arriver, alors, il n'en fallait pas parler. »

1895. — 26 janvier. — Bref de Léon XIII à l'épiscopat du Piémont pour encourager les travaux de la section italienne de la Société des Fastes eucharistiques. Deux phrases sont à remarquer : *Hanc vero lætitiam inde cumulari sensimus quod in eadem urbe (Augusta Taurinorum) principe sodalicium institutum est, cui nomen factum ab eucharisticis Fastis. — Cujus sodalicii studia, cum alias laude merito prosequuti sumus, nunc iterum commendamus spem bonam capientes præclaros inde fructus exorituros* [1].

1895. — 15 février. — Léon XIII approuve et enrichit d'indulgences une formule d'hommage composée et présentée par la Société internationale des Fastes eucharistiques, formule plus universelle que celle de Turin, et destinée au monde entier (*Omagio a Gésu Christo sacramento nostro Dio e nostro Re*). Ce document est accompagné d'une lettre de Léon XIII datée du 26 janvier 1895.

La Société des Fastes fait frapper en Italie une médaille représentant le Sauveur ceint d'une couronne royale, avec le sceptre et le globe du monde en main, son Cœur apparent sur sa poitrine, et l'inscription : *Rex regum, Dominus dominantium.*

1896. — *Congrès eucharistique international de Venise.* — Organisé par le Père Sanna-Solaro, à qui le cardinal Sarto, patriarche de Venise, avait donné pleins pouvoirs.

---

[1] « Ce qui a mis le comble à notre joie, c'est l'introduction dans cette ville (Turin) de la Société des Fastes eucharistiques. — Déjà dans d'autres circonstances, nous avons encouragé par de justes louanges les travaux de cette Société. Nous les recommandons encore dans l'espoir des résultats insignes que nous en attendons. »

Le cardinal Sarto y déclare : « Le Christ est Roi, et il importe de le rappeler au temps où nous vivons. Il est Roi, non seulement des individus et des familles, mais des sociétés, des nations et des peuples, et comme tel, il doit régner. » Le cardinal résume le devoir impérieux qui s'impose aux catholiques de nos jours dans cette brève formule : « Rétablir les droits que Notre-Seigneur possède au saint Sacrement d'être aimé et servi en Roi, comme il l'était aux âges de foi. »

1897. — Le Père Sanna-Solaro, encouragé par le cardinal-vicaire à Rome, et pour mieux défendre la thèse de la royauté sociale de Jésus-Christ, compose une messe et un office de Jésus-Christ Roi.

1898. — **Juillet.** — Fondation à Paris, par l'abbé Reymann, de l'Union catholique du personnel des chemins de fer, union corporative qui, sous les plis du drapeau du Sacré-Cœur, multipliera les hommages à la royauté sociale de Jésus-Christ.

1898. — **8 septembre.** — Léon XIII reçoit en audience Mᵍʳ l'évêque de Moulins. A sa demande, il accorde la bénédiction apostolique à tous ceux qui s'occupent de l'hommage à rendre à Notre-Seigneur et travaillent ainsi à promouvoir son règne social.

1899. — **16 mars.** — Bref de Léon XIII, sollicité et obtenu par Mᵍʳ *l'évêque de Blois*, après examen de la doctrine de l'hommage par le Saint-Office. Concession de précieuses indulgences particulières à la France (indulg. plénière et indulg. partielles). Ce bref commence par les mots : « Comme la dévotion que l'on appelle hommage au Sacré-Cœur s'étend chaque

jour en France... » La formule d'hommage approuvée et indul-
genciée commence par ces mots : « O Christ Jésus, Fils du Dieu
vivant, ... » et finit par ces autres : « Christus imperat. »

1898-1899. — Appel aux hommes de France, pour
l'Hommage social au Sacré-Cœur ; initiative du Père Lémius
(à Combreux, diocèse d'Orléans) et de M. Victor Franque (au
congrès national catholique). Un pèlerinage de 50000 hommes à
Lourdes, deux ans après, en est la réponse. Ces hommes solli-
citent du supérieur de Montmartre une organisation et un
règlement.

1898-1899. — Appel du Comité international présidé
par le cardinal Jacobini et le comte Acquaderni, de Bologne,
membre de la section italienne de la Société des Fastes eucharistiques, pour l'hommage solennel à rendre à Jésus-Christ
Rédempteur et à son auguste Vicaire, au seuil du nouveau
siècle [1].

1899. — Mars. — Le Père Sanna-Solaro soumet à Mgr Mana-
corde, qui les approuve, les épreuves de la messe et de l'office
de Jésus-Christ Roi.

1899. — 25 mai-11 juin. — Encyclique *Annum sacrum*
de Léon XIII, et consécration du genre humain au Sacré Cœur
de Jésus. Cette encyclique est l'exposé doctrinal le plus com-
plet de la royauté de Jésus-Christ par son Sacré Cœur.

---

[1] « Appello del Comitato internazional por l'omaggio solennel a Gesu
Cristo Redentore al suo augusto Vicario al compiersi del presente et
al sorgere del futuro secolo » *(publicato della Tip. Arcivescovile in Bolo-
nia)*.

1899. — **Juin.** — L'archevêque de Turin, Mgr Richelmy, allant à Rome recevoir la pourpre de cardinal, se charge de faire parvenir au Pape la messe et l'office de Jésus-Christ Roi et la supplique qui y est jointe : c'est le cardinal Parocchi, cardinal-vicaire, qui les remet à Léon XIII. Le Pape les envoie à la Sacrée Congrégation des Rites.

La supplique était accompagnée de lettres postulatoires de LL. ÉÉ. les cardinaux Sarto, patriarche de Venise ; Ferrari, archevêque de Milan ; Richelmy, archevêque de Turin ; Manara, archevêque d'Ancône, et de trente-cinq archevêques et évêques d'Italie et d'Amérique du Sud.

RÉSUMÉ DE LA PREMIÈRE PÉRIODE HISTORIQUE

(1864-1900)

Jetons un coup d'œil d'ensemble sur cette première période. La France, écrasée par la guerre de 1870, se relève soudain en se retournant noblement vers le Christ-Jésus et en se jetant sur son Cœur ; à l'inspiration non douteuse de son enfant, Marguerite-Marie, que l'Église vient de béatifier, elle se met résolument à l'accomplissement, négligé jusqu'alors, des demandes sociales du Sacré-Cœur, et fait le vœu de lui élever sur le *Mons Martyrum*, Montmartre, le temple national qu'Il a réclamé et qui sera l'irrécusable témoignage de son amour repentant.

A sa suite, les autres nations lèvent les yeux vers le signe sauveur que Léon XIII a appelé « le labarum des temps modernes », et la République de l'Équateur se consacre solennellement au Sacré-Cœur en 1873, tandis qu'en 1885 le canton de Fribourg et, en 1890, Alphonse XIII, roi d'Espagne, et sa cour lui font un splendide hommage officiel.

Une société, française d'abord, internationale ensuite, née à Paray-le-Monial, à l'ombre de Marguerite-Marie, se consacre à propager dans le monde entier le « règne social de Jésus-Christ-Hostie ».

Son fondateur obtient la consécration publique de la France par deux cents députés et initie ainsi les congrès eucharistiques, qui, timidement, puis ouvertement, à Lille, Avignon, Paris, Turin, Venise, Lourdes, acheminent les esprits vers la réalisation des deux autres demandes sociales du Sacré-Cœur : « la consécration, » qui est l'acte par lequel, dans l'ordre spirituel, des individus ou des collectivités se donnent au Christ Sauveur des âmes; et « l'hommage », qui est, dans l'ordre temporel et politique et de la part soit d'individus, soit de groupes sociaux et nationaux, la reconnaissance de la « souveraineté du Christ-Hostie » sur leurs biens, leurs familles, leurs cités et le gouvernement de leur nation.

De grandes figures catholiques, MM. Rohault de Fleury, de Belcastel, Philibert Vrau, les Pères Drevon, Sanna-Solaro, le chanoine Shorderet, et les cardinaux Guibert, Sarto, Alimonda, se font les ardents champions du « règne social de Jésus-Christ »; tandis que l'Adoration universelle de Montmartre et son Archiconfrérie de prières et de pénitence l'étend aux plus lointains vicariats, comme aux plus humbles villages européens.

Que manque-t-il pour que les vœux du Sacré Cœur de Jésus soient réalisés?

Du fond de son cloître portugais, sœur Marie du Divin Cœur[1] et, sans entente avec elle, le Comité international du commandeur comte Acquaderni[2], de Bologne, l'exposent à

---

[1] Comtesse Droste Zu Vischering, religieuse de la Congrégation du Bon Pasteur d'Angers, morte à Porto en odeur de sainteté.
[2] Membre du comité directeur de la Société du Hiéron de Paray-le-Monial.

Léon XIII. Et la grande voix du Pape s'élève pour consacrer le genre humain au Sacré-Cœur.

Quels furent les résultats apparents de ces débuts du culte social rendu à Jésus-Christ régnant par son Cœur?

Sans nier les déplorables abus de ce dernier quart du xixe siècle, nous voyons cependant que le « Sacré Cœur miséricordieux » récompense les nations et au delà de leurs mérites. Des conflits éclatent qui eussent pu amener une guerre mondiale : le Sacré-Cœur, comme un palladium divin, les apaise, et l'on voit même l'arbitrage du Pape acclamé et respecté. Les nations vivent dans une paix et une prospérité relatives. Qui dira ce que la masse des incroyants et des indifférents a dû à la poignée des Moïse et des Aaron qui combattaient dans la plaine ou priaient sur les hauteurs, pour l'établissement du règne social du Christ-Jésus, pierre angulaire de toutes les sociétés !

DEUXIÈME PÉRIODE

DE 1899 — CONSÉCRATION DU GENRE HUMAIN AU SACRÉ-CŒUR
(Par Léon XIII)

A 1920 — CANONISATION DE MARGUERITE-MARIE

Extension et généralisation du Culte social du Sacré-Cœur

1900. — La République de Colombie est consacrée solennellement au Sacré-Cœur par le chef de l'État.

1901. — **Octobre.** — L'amiral de Cuverville, approuvé par NN. SS. les évêques de Périgueux, Nice, Bayeux, Coutances, Arras (auxquels se joindra plus tard S. É. le cardinal Labouré, arch. de Rennes), et au nom d'un groupe de catholiques, lance un appel aux citoyens français et les invite, par la voie de la presse catholique, à rendre le jour de Noël, anniversaire du baptême des Francs (25 déc. 496), un hommage public au Cœur de Jésus, l'indétrônable Roi de France.

1905. — **Février.** — Pie X bénit lui-même un étendard de la « royauté de Jésus-Christ par son Sacré-Cœur ».

1908. — Continuant l'action des chapelains et du monastère de la Visitation de Paray-le-Monial, et particulièrement de l'Apostolat de la prière et du Messager du Sacré-Cœur, qui avaient déjà obtenu 1 082 479 consécrations au Sacré-Cœur (dont 200 000 de familles), le R. P. Mathéo, guéri à la chapelle des Apparitions, conçoit l'œuvre de l'Intronisation, la répand par ses prédications et par la création à Paray d'un « Secrétariat des œuvres du Sacré-Cœur » en correspondance avec le monde entier.

1911. — 28 juin. — Le congrès eucharistique international de Madrid, dans sa séance du 28 juin, à la suite de la discussion du rapport de M. Cazeaux, président de l'Œuvre de l'adoration de Paris, vote le vœu suivant :

« Que désormais, dans tous les congrès eucharistiques, soient étudiés d'une façon spéciale les moyens d'organiser le culte social et public de N.-S. Jésus-Christ chez chaque peuple, de manière à faire reconnaître et proclamer par chacun d'eux la souveraineté qui lui appartient sur toutes les nations. »

Le rapport de M. Cazeaux traduisait les aspirations de Mlle Tamisier, l'inspiratrice des congrès eucharistiques. Dans ses dernières années (elle est décédée en juin 1910), Mlle Tamisier était poursuivie par une constante préoccupation : puisque le Christ est Roi des nations, se disait-elle, il a droit à un hommage national, distinct de celui que lui rendent les individus et les familles en leur nom propre, et il a droit également à la réparation nationale des fautes commises par la nation. D'où la nécessité d'établir par chaque nation en particulier, au moyen des congrès eucharistiques internationaux, le culte d'adoration et de réparation dû au Christ « Roi des peuples » et « Roi des rois ».

1911. — 29 août. — Au lendemain du congrès de Madrid, ce principe reconnu de la souveraineté de Jésus-Christ sur les peuples reçoit en Belgique une admirable application. Le 29 août, S. É. le cardinal Mercier, archevêque de Malines, faisant paraître une lettre pastorale contresignée par NN. SS. les évêques de Gand, Bruges, Tournai, Namur et Liége, prescrivait au clergé et aux fidèles de mettre en application l'idée fondamentale du rapport présenté à Madrid sur la réparation nationale : « Nous voulons désormais que le jour de l'adoration perpétuelle soit un jour de réparation nationale : le clergé et les fidèles offriront en ce jour la messe, leur communion, leur heure d'adoration à la même intention publique : *Le bien de la nation.* »

1912. — Février. — Le VIIIᵉ congrès diocésain de Paris, réuni sous la présidence de S. É. le cardinal Amette, émet le vœu suivant : « Qu'il soit procédé le plus tôt possible en France à l'organisation d'une œuvre d'adoration réparatrice nationale, ayant pour objet de rendre à N.-S. Jésus-Christ, Roi des nations, le culte public et social auquel il a droit de la part de tous les peuples, et de reconnaître ainsi les droits qui lui appartiennent particulièrement sur la France. » Ce vœu était l'écho d'un vœu semblable, conclusion du congrès des catholiques du Nord, tenu à Lille, du 21 au 24 novembre 1911.

1912. — 30 juin. — Lettre de S. É. le cardinal Amette,

archevêque dé Paris, aux Éminentissimes cardinaux et à NN. SS. les archevêques et évêques de France, au sujet de l'adoration nationale. Cette lettre apporte de nouveaux encouragements à la réalisation des vœux des congrès de Madrid, Lille, Paris, et fournit le moyen de les réaliser, non seulement en France, mais dans l'univers entier. Le Cardinal s'exprime ainsi :

« Il s'agirait donc pour nous, moins de créer une œuvre nouvelle que de compléter l'œuvre déjà existante, et de donner à l'adoration qui se célèbre chaque année dans nos diocèses un caractère plus expressément national et réparateur.

« Pour bien marquer cette intention, il serait facile d'ajouter à l'acte d'amende honorable et de consécration qui se récite partout, quelques phrases reconnaissant les droits de Notre-Seigneur Jésus-Christ sur la France, lui demandant pardon de l'apostasie officielle que nous déplorons et le suppliant de rétablir son règne dans notre pays par la foi en sa doctrine et par l'obéissance à ses lois. »

L'épiscopat français se rangea à l'avis du cardinal Amette.

Le Canada suivit également ce mouvement par un mandement de S. G. Mgr Bruchési, archevêque de Montréal.

1912. — 12-15 septembre. — *Congrès eucharistique international de Vienne.* — Le congrès de Madrid avait fait singulièrement avancer l'idée d'une adoration et d'une réparation nationales, non seulement en France, mais dans tous les pays du monde. Le congrès de Vienne va plus loin. Il reprend, par l'organe d'un de ses rapporteurs, M. le chanoine Crépin, supérieur de Montmartre, ce projet d'une fête de l'hommage commune à toutes les nations, dont la Société des Fastes eucharistiques de Paray-le-Monial et sa filiale de Turin s'étaient tant occupées avant 1900.

Voici le troisième vœu du rapport de M. le chanoine Crépin sur « la royauté sociale de N.-S. Jésus-Christ » :

« Qu'aux 365 jours d'adoration nationale auxquels, dans le cours de l'année, auront pris part les 30000 paroisses de notre France, soit donné un magnifique couronnement dans une fête de clôture qui serait la synthèse de toutes les adorations réparatrices, éparses et successives faites pendant l'année. »

Un autre rapport de la section française, consacré au règne social de N.-S. Jésus-Christ, est celui du R. P. Zelle, S. J., sur Paray-le-Monial.

« C'est de Paray, dit-il, qu'est sortie l'idée, ou mieux la restauration du règne eucharistique de Jésus-Christ... Les congrès y auront contribué pour une très large part. Cependant, personne ne s'étonnera que les ouvriers n'aient pas manqué dans la cité du Sacré-Cœur, encore moins qu'ils aient plus insisté sur ce qui semble plus essentiel dans les divines exigences. Placés plus près de ce « nouveau Thabor », ils en auront peut-être mieux recueilli les reflets et les enseignements. »

Et le rapporteur, après avoir parlé de la première œuvre du Père Drevon, « la communion réparatrice, » montre comment, dans son désir ardent de promouvoir le règne de Jésus-Christ, il réussit à instituer dans la petite cité, qui était pour lui la capitale de ce règne pour des raisons de choix divin, une sorte d'académie d'études spéciales, un foyer de lumières concentrées où s'imposerait cette conclusion du grand Apôtre : *Oportet illum regnare* (I Cor. xv, 25).

1914. — **Janvier.** — L'épiscopat mexicain consacre le Mexique au Sacré Cœur de Jésus. Pour affirmer la royauté sociale, il décide que les insignes de dignité souveraine, sceptre et couronne, seront offerts à la statue de Notre-Seigneur Jésus-Christ montrant son Cœur. Imposants cortèges autorisés par le président Huerta et cérémonies magnifiques dont l'acte principal est la proclamation de « la royauté sociale de Notre-Seigneur et la consécration ».

1914. — **22-26 juillet.** — *Congrès eucharistique de Lourdes.* — Il couronne tous les efforts que nous avons rappelés en traitant, sous tous ses points de vue, la royauté sociale de N.-S. Jésus-Christ dans le très saint Sacrement : tout le programme repose sur cette idée.

Dans son discours d'ouverture, le légat du Pape, S. É. le cardinal Granito di Belmonte, l'affirme ainsi : « Jésus nous demande de le proclamer Roi par toute la terre et de le faire régner sur tous les peuples comme sur les princes et les rois. »

Dans son rapport sur *Le règne social dans les 24 précédents congrès*, M. Cazeaux montre que ce règne social fut, dès l'origine, dans la pensée des initiateurs des congrès et qu'il ne s'en passa guère où il n'en ait été fait mention. Il fait approuver, en terminant, le vœu suivant :

« Le congrès exprime le vœu qu'une supplique soit adressée, par les soins de son bureau, à S. S. Pie X, pour obtenir qu'il

daigne choisir un jour dans l'année pour une adoration commune à toutes les nations,.... afin de reconnaître et proclamer
publiquement, par cet hommage universel, la royauté sociale de
Jésus-Christ sur toutes les nations. »

Le R. P. Calot, S. J., directeur de l'Apostolat de la prière,
après avoir, dans son rapport, montré le « renouvellement de
la doctrine de la royauté sociale de Jésus-Christ dans l'Eucharistie par la dévotion au Sacré-Cœur », conclut en demandant
que, pour couronner les hommages nationaux (Fête du S.-C. —
Étendard du S.-C. — Temple national. — Consécration nationale), un hommage international, s'élevant le même jour du
sein de tous les peuples, soit rendu chaque année en une « fête
de la royauté sociale de Jésus-Christ dans l'Eucharistie ».

Enfin, dans son discours d'ouverture à la section portugaise,
Mᵍʳ Leite de Vasconcellos, évêque de Beja, sans s'être préalable-
ment entendu avec les rapporteurs que nous avons cités, se trouve
poussé par une conviction intime à demander ouvertement la
création d'une « fête annuelle de la royauté sociale de N.-S.
Jésus-Christ ».

1914. — Août. — La guerre éclate au lendemain même du
congrès, suspendant toute possibilité d'exécution.

1914-1918. — La guerre exerce ses ravages sur les trois
quarts de l'Europe ; l'épreuve est immense pour notre patrie,
mais elle sent bientôt la main de Dieu dans la victoire dite « le
miracle de la Marne ». C'est à la royauté divine qu'en l'absence
de tout acte officiel, les évêques de France ont recours pour obtenir la cessation du fléau.

6

1915. — 17 mai. — Lettre du cardinal Amette, archevêque de Paris, adressée à tous les archevêques et évêques de France et leur proposant « une consécration de la France au Sacré Cœur, le même jour et sous la même forme, dans toutes nos églises... Consécration qui est possible et qui paraît opportune... Cet acte revêtirait ainsi un caractère national. »

1915.. — S. S. Benoît XV, dans la cérémonie de la lecture des décrets sur les miracles de la bienheureuse Marguerite-Marie, exprime l'espoir que le monde trouvera son salut dans la reconnaissance de la souveraineté de N.-S. Jésus-Christ.

1917. — 1er janvier. — « Vœu de l'univers catholique pour ériger une basilique du Sacré-Cœur à Jérusalem » fait à Toulouse, dans le but d'affirmer la souveraineté universelle du Sacré-Cœur et d'obtenir la paix entre les peuples. Approbation de S. G. Mgr Germain, archevêque de Toulouse, qui prononce le vœu le premier, au nom de son diocèse, dans la chapelle de la Visitation de Toulouse. A la fin de 1917, plus de cent diocèses de l'univers catholique se sont associés au vœu.

1917. — 26 mars. — Cérémonie à Paray-le-Monial de la bénédiction des drapeaux alliés, ceux de la France, de l'Angleterre, de la Belgique, de l'Italie, de la Russie, de la Roumanie, tous écussonnés du Sacré Cœur de Jésus.

Le cardinal Bourne, primat d'Angleterre, dans son remarquable discours, qualifie ainsi la haute portée de cet acte social : « Cette assemblée est le signe de ce qui se fait sous les mains

pétrisseuses de la Providence : un commencement de reconstitu-
tion de la Chrétienté provoqué par un réveil de la conscience du
monde. Nous venons vers le Roi sauveur des peuples... Nous
allons vers cette royauté du cœur,... vers la loi aimante et
vivante... *Fundamentum aliud nemo potest ponere præter id quod
positum est, quod est Christus Jesus* » (1 Cor. III, 2).

1917. — 25 mai. — Vœu des cardinaux, archevêques et
évêques de France pour la célébration solennelle de la fête du
Sacré-Cœur : « Nous, cardinaux, archevêques et évêques de
France, nous nous engageons par vœu, en notre nom et au nom
de nos successeurs, à faire célébrer solennellement chaque
année, à perpétuité, dans toutes les églises et chapelles de nos
diocèses, la fête du Sacré Cœur de Jésus, au jour qu'il a lui-
même indiqué, c'est-à-dire le vendredi après l'octave du saint
Sacrement. »

L'acte de consécration de la France au Sacré Cœur de Jésus est
prononcé.

1917. — Février et juin. — Le mouvement qui porte les
groupes sociaux catholiques à s'unir autour du Sacré Cœur de
Jésus s'accentue. Quatre unions corporatives sont fondées à
Montmartre : « l'Union catholique de la France agricole, » par
MM. de Gailhard-Bancel, député de l'Ardèche, et M. de Boham,
président du Syndicat agricole de la Champagne ; — « l'Union
catholique du Personnel des postes, télégraphes, téléphones »
— « l'Union des Métallurgistes » et « l'Union des Employés
du Commerce et de l'Industrie, » par M. le chanoine Reymann.

1919. — 30 mai. — Consécration officielle et solennelle de l'Espagne au Sacré-Cœur, par le roi Alphonse XIII.

1919. — 29 juin. — Vœu national de la Belgique, prononcé par le cardinal Mercier, en présence du roi, de la reine et des ministres, d'élever une basilique au Sacré-Cœur en reconnaissance de la victoire qu'il vient de lui accorder.

1919. — 29 juin. — Consécration solennelle de l'Australie et de la Nouvelle-Zélande au Sacré Cœur de Jésus, faite par les archevêques, évêques et prêtres dans toutes les églises de ces deux pays.

1919. — 16 octobre. — Consécration solennelle de la basilique de Montmartre, à Paris, en présence de S. É. le cardinal Vico, légat du Pape, et de cent dix cardinaux, archevêques et évêques [1].

---

[1] Il est évident que cet abrégé chronologique sommaire ne peut indiquer tous les faits susceptibles d'être recensés. Nous avons surtout signalé les gestes de valeur. Outre ceux-ci, des publications comme celles de Mgr Jouin; de MM. les chanoines Gaudeau, Coubé; des Pères du Saint-Sacrement; le *Pèlerin de Paray-le-Monial*, de MM. les chapelains de la basilique; des œuvres comme la Garde d'honneur de Bourg; des monastères comme ceux des Carmélites et des Visitandines et de nombreuses congrégations modernes : Adoration réparatrice, Filles du Sacré-Cœur, etc., ont sans cesse contribué au progrès des idées et de l'action en l'honneur de la « Royauté sociale de Jésus-Christ ».

Par le *Messager du Cœur de Jésus*, comme par les œuvres des Pères Drevon et Sanna-Solaro, par les prédications du Père Perroy et autres, la Compagnie de Jésus a continué à remplir dignement la mission providentielle qui lui a été confiée dans la personne du Père de La Colombière.

1920. — 13 mai. — Canonisation de Marguerite-Marie par S. S. Benoît XV.

1920. — 18 mai. — A Rome, bénédiction et pose de la première pierre de l'église érigée sur l'ancien Champ de Mars en l'honneur de la « royauté universelle du Sacré-Cœur ». Sa Sainteté fait pour ce monument un don de 200 000 francs.

————

APERÇU SUR LA DEUXIÈME PÉRIODE HISTORIQUE

(1900-1920)

Dès que la grande voix de Léon XIII s'est élevée dans le monde pour un solennel hommage au Sacré-Cœur, ce ne sont plus quelques Cardinaux, des religieux et des laïques qui lancent le mouvement du « règne social de Jésus-Christ », c'est l'ensemble de l'épiscopat qui l'accroît et le dirige, sous l'influence bénie des trois derniers papes, dont les voix ne forment qu'une note unique en l'honneur du « Christ-Roi ».

La Cité du mal s'ébranle tout entière pour donner un formidable assaut à la Cité du bien. La France, entre autres, plus attaquée par la Maçonnerie, fléchit, et son Parlement signe la séparation des Églises et de l'État.

Nous assistons, quelques années après, à des bouleversements et des effusions de sang humain inconnus jusqu'alors.

Or, tandis que les nations semblent être jetées dans une cuve en fusion, et que les efforts des hommes seuls sont impuissants pour les transformer et les asseoir à nouveau sur des bases stables, de quel côté vont toutes les aspirations des masses catholiques, dans l'Ancien Monde comme dans le Nouveau ? A la toute-puissance et à la toute-bonté du Cœur de Jésus, Roi du monde moral et du monde matériel.

Des millions de familles l'introduisent en Roi à leur foyer. Des corporations, après avoir monté la garde et fait la veillée d'armes devant sa Personne royale, vivante en l'Hostie, lui jurent fidélité ; des nations se consacrent à Lui par la voix de leurs chefs temporels ou religieux.

Enfin, au dernier congrès international eucharistique de Lourdes, auquel prennent part 189 cardinaux, archevêques et évêques, un vœu suprême résume les tendances générales :

« Qu'une fête mondiale affirme la royauté sociale de Jésus-Christ dans tout l'univers. »

CONCLUSION GÉNÉRALE

Tous ces faits prouvent un mouvement ininterrompu et général dans lequel il y a deux phases à distinguer.

De 1873 à la fin du siècle, le mouvement est dirigé par Paray dont l'apostolat est international. C'est un constant appel à rendre des hommages à Notre-Seigneur régnant dans son Eucharistie par son amour miséricordieux dont son Cœur divin est le symbole. L'Italie, par l'initiative de l'un des membres italiens de l'œuvre de Paray, tire de la reconnaissance des droits de Notre-Seigneur une conclusion dernière en demandant au Pape d'instituer la fête de la Royauté de Jésus-Christ.

A partir de la consécration du genre humain au Sacré Cœur par Léon XIII, Montmartre fait une ardente propagande pour la royauté du Sacré-Cœur, tandis que les congrès eucharistiques internationaux étudient la royauté de Jésus-Christ « comme homme participant à notre nature » (concile de Trente) et arrivent, à partir du congrès de Vienne (1912), à la même conclusion que la section italienne des « Fastes eucharistiques », seize ans auparavant.

Cette réplique constitue une contre-épreuve qui autorise à

dire que la fête de la Royauté sociale et mondiale du Sacré-Cœur est désirée d'un élan universel [1].

En 1920 Rome célébrait les fêtes de la canonisation de Marguerite-Marie. Le moment semble opportun pour reprendre auprès de notre Saint-Père le Pape les démarches du Père Sanna-Solaro concernant cette fête.

Elle serait l'aboutissement des ardents désirs et de la mission de Marguerite-Marie.

Elle serait l'affirmation éclatante des droits de Notre-Seigneur niés par l'athéisme officiel. Elle affaiblirait ainsi le pouvoir du Prince des ténèbres.

Par une déduction rigoureusement logique, elle imposerait davantage aux peuples la primauté du représentant de Jésus-Christ, notre Saint-Père le Pape.

Elle ferait par elle-même l'éducation de la masse catholique. à laquelle on cherche à inculquer le faux principe que la religion est affaire privée.

Elle attirerait sur nos sociétés, pour détourner les périls imminents qui les menacent, des grâces de salut qui ne peuvent venir que d'en haut.

Enfin, elle rétablirait virtuellement (puisque le fait matériel

[1] Des théologiens ont même recherché quel jour conviendrait le mieux pour cette fête ; les avis sont partagés. Le vendredi jour de l'Octave du Sacré-Cœur a rallié des suffrages ; également la Fête du Sacré-Cœur (opinion très discutable à notre avis), et plus encore le jour de la seconde Fête-Dieu.

Placée à cette dernière date, la fête de la Royauté terminerait le cycle des Fêtes de Notre-Seigneur et unirait les deux courants de la dévotion à l'Eucharistie et au Sacré-Cœur, qui, en effet, ne doivent pas se séparer.

ne dépend pas de l'Église) *l'ordre* dans les sociétés, l'ordre qui consistant à mettre chacun et chaque chose à sa place, rend à Jésus-Christ, premier-né d'entre les nations, type de la création, rédempteur et médiateur des peuples, sa place propre parmi les sociétés, la première, la souveraine. Tandis que le désordre, introduit dans les constitutions modernes par la plus-value attribuée à l'homme, en détruisant l'équilibre social, est un perpétuel générateur de convulsions et de révolutions.

Ces motifs ont paru si péremptoires que la *Société du Règne social de Jésus-Christ* les ayant exposés, avec l'approbation de NN. SS. Nègre, Archevêque de Tours et Berthoin, Évêque d'Autun, à quelques membres de l'Épiscopat de diverses nations elle a déjà obtenu au moment où nous mettons sous presse les signatures ou les lettres postulatoires de LL. ÉÉ. les Cardinaux Richelmy, Archevêque de Turin; Andrieux, Archevêque de Bordeaux; Mendès Bello, Patriarche de Lisbonne; Bégin, Archevêque de Québec, et de nombreux Archevêques et Évêques de France, Espagne, Italie, Portugal, Brésil, Pérou, États-Unis et Canada.

AUX LECTEURS — ÉPILOGUE

Nous ne nous posons ici ni en privilégiés ayant reçu du Ciel une tâche spéciale, ni en prophètes affirmant que la fête de la Royauté sociale de Jésus-Christ ferait bientôt cesser les maux dont souffrent les peuples. Nous ne saurions présumer des insondables desseins de Dieu, qui mène le monde en respectant le jeu des libertés humaines. Le recul de l'histoire nous montre quelques côtés du plan divin d'une sagesse infinie. Il ne nous sera pleinement dévoilé que dans l'éternité.

Nous ne voulons point non plus emporter la conviction par des moyens humains. A dessein, nous avons écarté toute forme littéraire de cet exposé que plusieurs trouveront trop aride. Pour les lecteurs sérieux et la Sacrée Congrégation des Rites, les faits seuls ont une éloquence probante.

La Royauté de Jésus-Christ étant indiscutable, nous espérons que notre abrégé historique aura démontré que le *fait* de sa reconnaissance dans une fête mondiale est désiré par un *consensus universalis*.

C'est en général lorsque les vérités religieuses sont le plus combattues par les hérésies que la sainte Église les met en relief.

Or, la royauté de Jésus-Christ n'a jamais été niée ou ignorée plus systématiquement que de nos jours.

C'est aussi lorsque, les tempêtes secouent le plus fortement la barque de l'Église que les sociétés fidèles ont un besoin plus urgent de tous les moyens de sanctification, donc de fêtes qui les garantissent des flots de l'erreur et resserrent leur union avec la *Personne royale de l'Homme-Dieu vivant dans l'Eucharistie et régnant par son Sacré Cœur.*

TABLE ANALYTIQUE DES MATIÈRES

PREMIÈRE PARTIE

Exposé doctrinal

39102. — Tours, impr. Mame.